没人会教你的职场暗语潜规则

郭志刚◎著

中国发展出版社
CHINA DEVELOPMENT PRESS

图书在版编目（CIP）数据

没人会教你的职场暗语潜规则 / 郭志刚著 .—北京：中国发展出版社，2013.8

ISBN 978-7-80234-980-3

Ⅰ. ①没… Ⅱ. ①郭… Ⅲ. ①人际关系学－通俗读物 Ⅳ. ① C912.1-49

中国版本图书馆 CIP 数据核字（2013）第 173726 号

书　　名：没人会教你的职场暗语潜规则
著作责任者：郭志刚
出 版 发 行：中国发展出版社
（北京市西城区百万庄大街 16 号 8 层 100037）
标 准 书 号：ISBN 978-7-80234-980-3
经　销　者：各地新华书店
印　刷　者：三河市东方印刷有限公司
开　　本：710×1000mm 1/16
印　　张：16
字　　数：210 千字
版　　次：2013 年 8 月第 1 版
印　　次：2013 年 8 月第 1 次印刷
定　　价：26.00 元
联 系 电 话：（010）68990535 68990692
购 书 热 线：（010）68990682 68990686
网 络 订 购：http：//zgfzcbs.tmall.com//
网 购 电 话：（010）68990639 88333349
网　　址：http：//www. develpress. com. cn
电 子 邮 件：fazhan010@126.com

前言

作为一名职场人士，你是否经常陷入这样的困惑：

昨天还和你有说有笑的上司，今天却翻脸炒了你的鱿鱼？一直和你关系很好的同事，突然莫名开始疏远你？明明自认为在酒桌饭局上热情洋溢、成熟老练，却被人嗤笑为太嫩了？与客户“相谈甚欢”，看似十拿九稳的订单，可转眼间却变成了别人的囊中物？这些到底是“神马”事啊？

其实，以上“不幸”可能都和你不了解职场人际暗语有关。因为不懂话里话，所以误读了他人的真实含义；因为不懂弦外音，才导致自己的所作所为与对方的期望完全背道而驰。在职场中，并不是所有的话都会说得透彻明白，很多时候大家都心照不宣地说着一做着二。职场处处都存在着暗语玄机，可谓“句句惊心”。

因此，如何学会听懂别人话语背后的含义，就成了职场人士必须要了解的一门学问。中国人向来含蓄，通常“说话留三分”，听者不仅要听表面字句，还要仔细琢磨话中的深意。因为你听到的，并不一定是对方真正想表达的；你想到的，也不一定是对方希望你了解的；你所做的，也不一定是对方所期待的。

行走“江湖”，识人处事是很重要的个人资本。但是，你应该怎样从话里话外了解到对方的心思，从而见机行事呢？其实，重要的不是你“听到”了什么，而是你“听懂”了什么。只有“听懂”了，才能做出正确的“反应”。要做到这一点，就需要我们倾听时耳脑并用，从对方含蓄的言辞中，捕捉到有效信息。

本书将引导读者听懂职场中的“话里话”，让读者不再对诸如“上司到底在打什么主意”“同事是善意还是别有用心”“客户对我说的话到底是赞成还是否定”“面试官是真的认可我吗”“谈判中，对方真的在赞美我吗……”等一系列问题产生疑惑。

本书涵盖了不同场景、不同人际关系之间常见的人际暗语，并配以大量生动的案例对暗语进行了深入透彻的剖析，教读者如何“听”出他人的话外音，听懂他人的潜台词，学会与人打交道，学会洞察对方的心理活动，建立成功的职场关系。

读懂了本书，你就读懂了人心，成了人情练达的职场达人，升职加薪也指日可待。

目录

第一章　听懂暗语，轻松跨越面试关

第三章 悟透同事的话里话，交际中左右逢源

第五章　听懂潜台词，有的放矢搞定销售客户

第六章 醉话、假话、真话？酒桌上应酬自如

第一章

听懂暗语，轻松跨越面试关

面试的时候，面试官一句夸奖，你立马心里乐开了花。面试官问什么，你就老老实实地回答什么，以为如此“真诚”就能成为被认可的应聘者。殊不知，面试完毕，你也丢失了这份工作。后来细想，才知道原来面试官用的是暗语，只怪当初自己没听明白，才错过了一次又一次的工作机会。

1. 请你介绍一下自己

——你的介绍一定要简单明了、条理清晰

在面试中，“暗语”也是面试官和面试者的一种沟通语言。大多数情况下，面试者经历的第一关就是自我介绍，虽然只是短短几句话，却能让面试官初步了解面试者的心理素质、心态和个人能力等很多方面情况。可如果你没有听懂面试官的暗语，那就算你的回答完美无缺，也可能让面试官觉得是在“鸡同鸭讲”，把你列入淘汰名单。

晓莉是一名优秀的大学毕业生，临近毕业时，她满怀信心地向一家大公司投去了简历。据说，这家公司的福利待遇非常好，想进入的毕业生数不胜数。

经过了两轮笔试后，晓莉终于得到了面试机会。

“你是晓莉吧，名字很好听，现在请简单介绍下你自己。”其中一位面试官面带微笑地说。

“谢谢您的夸奖，我也很喜欢自己的名字，我觉得这个名字比较符合我的个性，‘晓’代表着无所不知、无所不晓，‘莉’又有比较温柔含蓄的意义。我非常好学，对任何事情都很感兴趣。性格方面，我有些内向，属于比较从容的那类人。我来自美丽的广西，不知道各位面试官去过那里吗？”晓莉说完后，笑着看向几位面试官。

可惜这几位面试官都没有去过广西，于是，其中一位面试官礼貌地笑着摇摇头后，说：“请介绍一下你的学历。”

“说到学历，如果不是因为高考没有发挥好，我也会毕业于名牌大学。不过，尽管我没有从名校毕业，但我相信自己并不比名校的学生差。我是一个非常刻苦好学的人，在校期间不仅成绩优异，而且还是校内各大社团的活跃分子、许多活动中的风云人物。通过这些活动的锻炼，我学会了如何与人沟通，培养了团队精神，更借此锻炼了自己的领导能力和组织能力。所以，我相信自己的将来一定会比其他人更优秀、更成功。”

“好了，你的基本情况我们已经了解，就请你回家等通知。”面试官一边说一边通知下一位面试者进来。晓莉非常自信地走了出去，但她后来却并没有收到录取通知。

毫无疑问，这是一次失败的面试经历。故事中的晓莉自信、善谈，在学校里也是名非常优秀的学生，但她的面试却败在了最常见的自我介绍上。这是为什么呢？我们一起来分析一下案例中她的语言，就能发现问题所在。

首先，面试官让晓莉简单介绍一下自己时，她的语言应简洁明了。然而，晓莉在做自我介绍时，不仅就面试官夸奖自己的名字的事情做出了详细的解释，还对面试官提出了问题。殊不知，面试官夸奖她的名字，主要是为了制造一种轻松的气氛，帮助面试者缓解紧张情绪。然而晓莉的回答却让对方的赞美变得有些“失真”，她这样做只能让面试官觉得她是一个急于表现、华而不实的人。

其次，晓莉说到“美丽的家乡”时并没有继续介绍下去，而是反问面试官有没有去过那里。如果面试官去过，也许这个提问会让整场面试变得比较有互动性，但遗憾的是，面试官们并没有去过她的家乡，她的提问只能让气氛变得尴尬。因此在面试中，除非面试官给你提问的机会，否则面试者尽量不要“反问”，尤其是在涉及到个人或者商业信息等问题的时候。

第三，晓莉在谈到她的学历时，看似说得非常合理，但却包含了许多错误，而且信息不全。面试者要充分利用学习期间学到的沟通和组织能力，用具有说服力的语言把自己的优点介绍出来。如果只是泛泛的几句话，却举不出具体事实或数字，难免会让人觉得空洞、不实。案例中，晓莉为了夸耀自己的能力，用一句“我也会毕业于名牌大学”贬低了自己的学校，并不断强调自己比别人更优秀。结果弄巧成拙，她的这种举动暴露了其较差的心理素质，还让面试官对她产生“经不起失败考验”的印象。

最后，晓莉的自我介绍缺少个性。据了解，大部分面试者都会说自己“善于沟通”，而面试官在听多了这样的说辞后，会对千篇一律的回答感到失望，产生“又是一个善于沟通，有团队精神的人”的感觉，而面试者如果没有其他特别的才能，就很可能被淘汰了。

中国人喜欢婉转的沟通方式，而在与面试官的沟通过程中，婉转也显得普遍且重要。在面试中，常有人自我感觉良好，和面试官侃侃而谈，结果却没等到上岗通知。回头想想你的面试，你是否真的了解了面试官提问背后的含义？只有当你挖掘出他到底想了解什么，你才能投其所好，在实力保证的前提下获取机会。

职场小提示

★当面试官夸奖你时，只需礼貌回应即可，不必就此话题自夸，否则面试官会觉得你自以为是。

★自我介绍时，要说出自己与应聘职位有关的情况，要简单明了、条理清晰。最好在面试前，就对该公司及所应聘职位有一定的了解，有备而来，才能有更大的获胜率。

2. 如果没有通过今天的面试，你会怎么办

——我想了解你的心理承受力怎么样

很多刚毕业的人，认为自己在学校里表现不错，就想当然地以为自己在职场上也一定会“吃香”。事实上没有这么简单。而抱着这种想法的面试者，往往在面试失败后会变得一蹶不振，完全颠覆了在校期间“自信、坚强、勇敢、不怕挫折”的光辉形象。

赵东是一名即将告别象牙塔，走进社会和职场的大学毕业生。为了提前适应社会和职场环境，他决定先找家公司实习一段时间。他把简历投给了一家知名度较高的公司。

经过两次面试后，赵冬“杀入”终面，面试者是公司总经理。

赵冬并没有特别紧张，因为他从心底认为自己一定会赢得这份工作。果然，赵冬的终面也非常顺利，他有些志得意满了。

正当赵冬准备和总经理商谈薪资待遇时，对方突然话题一转，问他：“我刚才在你的个人简历中看到，你经常参加学校组织的大型活动，其中自己还策划和组织了几次活动。那么，在你组织的活动中，你有没有失败过？”

“我从来没有失败过，老师和同学们常常评价我是一个充满自信且敢于挑战的人。”赵冬自信满满地回答道。

“很好，”总经理点头微笑，又接着说，“你曾说你对我们公司非常向往，也很期待来这里工作，谢谢你对我们公司的赞赏，不过，如果我告诉你，这里并没有适合你的职位，你会怎么办？”

赵冬没想到面试官会突然问他这个问题，他从来没有想过如果自己面试失败了会怎么样，因为在他人生的“字典”里几乎没有出现过“失败”这个词。赵冬一下子沮丧了，认为自己这次面试肯定失败了。他想不明白，整个面试过程本来非常顺利，为什么最后却失败了呢？赵冬低垂着头，一言不发，他实在不知道该如何回答这个问题。

此时，面试官说话了：“人事部会安排时间和你联系的，我们有机会再见。”

赵冬抬起头，勉强微笑地看了一眼面试官，慢慢走出了总经理办公室。后来，直到赵冬毕业，他也没有接到该公司的电话或邮件。而他像变了一个人一样，每天都沉浸在“为什么会失败”的悲伤疑问中，对自己越来越没自信了。

“如果你没有通过今天的面试，会怎么办？”在面试过程中，可能面试官已经在心里认可你了，却突然话锋一转，甩出这个听起来像是宣判你“死刑”的怪问题。

如果你像故事中的赵冬一样，一听这个问题就慌了神，那就很难给面试官留下好印象。案例中的赵冬想不明白自己为什么会失败，下面我们帮他分析一下。

可以肯定的是，之前的面试官对赵冬有很不错的印象，否则也不会让他通过多轮面试，进入由总经理亲自把关的终面。可以说，如果没有最后一个问题，赵冬有 80% 以上的可能获得实习的机会。

当面试官询问赵冬在学校组织的活动是否失败过时，并不是真的想了解他的成败，只是担心越是优秀的人越承受不起挫折的打击，所以想看看他承受挫折的能力如何。而赵冬看似自信的回答，却恰恰增加了面试官的疑虑。

所以面试官紧接着问他“如果我告诉你，这里并没有适合你的职位，你会怎么办？”

一个有良好心理素质的人，不仅能承受挫折，也能迅速调整负面的情绪。然而，赵冬的沉默和手足无措让面试官肯定了自己的猜测，也因此将赵冬淘汰了。

在面试中，你是否也曾像赵冬一样自信满满，却被面试官突如其来的问题打懵呢？或者你认为面试官态度冷漠，还没开始面试你就想转身离开了？如果你遇到这些情况时不知如何面对，或慌张或愤慨，那你就可能掉进了他们设计的“陷阱”。尤其是在面试一些大型公司时，哪怕面试官再难缠，你也要坚持“战斗”到底。

职场小提示

★在面试一个你期待已久的公司或职位前，先要想好如果面试失败后自己会怎样，这样才不会因为面试官的突然提问而不知所措。

★当你自夸优秀时，面试官会怀疑你是否拥有承受挫折的心理能力。因此，赞扬自己时，最好用“反面”的例子来证明，比如你是如何从失败走向成功的。

★成功固然人人追求，但失败却能获得更深刻的经验和教训。因此，刚踏入职场的人应该记住，失败也是一种财富，不要因为害怕失败而放弃努力。

3. 你的学历并不高

——我更在意的是你的能力如何

在面试过程中，面试官总会不经意地谈论面试者的某些情况，比如学历、专业等，而面试者的回答很可能会成为面试官是否接受这个人的重要依据。对面试者而言，只有听懂了面试官问题背后的暗语，才能知道这其中暗藏着的“猫腻”，从而做出相应的对答，提高面试的成功率。

这已经是阿辉第三次参加这家公司的面试了。

初试是由该公司的行政人员担任面试官的，她询问了阿辉一些基本情况后，就直接通知他参加复试了。

复试的面试官是部门经理。双方的感觉依然很好，阿辉自然获得了第三次面试的机会。这次的面试官是该企业的老总。

“前两次面试，你的表现都很不错。”老总面带微笑地说道。

“谢谢。”阿辉礼貌地回应。

“你去年刚毕业，我看你面试的职位是总监助理，但我们对这个职位的学历要求比较高，你的学历似乎不太合符我们的要求。”老总依然慢悠悠地说道。

阿辉听后有些慌张，其实他对自己的学历也不太自信，尽管他很有想法，喜欢创新，自认为能力出众，但这些情况他的学历却无法证明。这次能一直面试到最后一关，阿辉之前还暗自庆幸，谁知还是卡在了学历这道坎上。

“我的学历的确不高，但学历高又能证明什么呢？现在学历不高的人到处都有，他们都在工作，有不少人还发展得比学历高的人好呢。”阿辉有点赌气地说出了自己的想法。

“说得很精彩，但我们公司更需要的是高学历的人，你回去吧。”老总说完后，将阿辉的简历放到了一边。阿辉没有说话，他想，低学历果然还是不行，看来我这个学历以后再也找不到满意的工作了。

在参加面试前，很多低学历的人都会有这样的困惑：我只是一个专科，不是重本，更不是硕士、博士，能找到好工作吗？再加上刚毕业，没有丰富的工作经验，面试成功的可能性似乎又降低了几分。故事中的阿辉就是这样，也许他在某些方面的确很有才华，但他始终认为自己学历低，不太自信。所以当面试官说他的学历不符合要求时，他的不自信马上暴露了出来。其实，仔细分析可知，阿辉面试失败的原因并非在于学历，而是老总还不确定他是否真的能胜任所应聘的职位。

在面试中，有的面试官会直接问面试者“你为什么认为自己能胜任这份工作”，但有的面试官就不会，比如故事中的这位老总。那么，如何判断你的面试官是在暗示你拿出胜任工作的证据呢？

首先，如果面试者的学历真的不符合要求，公司是不会给他初试机会的。因为初试一般是为了了解面试者的大概情况、确认简历信息是否真实可靠。到了第二轮复试时，主要就是考察面试者的专业知识、个人性格、表达沟通等能力。到了第三轮面试，则是对第二轮信息的一个确认，通常由公司最高层亲自面试。可见，故事中的老总并非真的在乎阿辉的学历如何，他只想知道对方是否有能力胜任总监助理一职。阿辉接到了面试电话，就证明了公司对他有了期待，他的学历此时已经不再至关重要，公司想知道的是他的能力如何。只要阿辉能展示自己的才华，说服面试官，就会被录取的。

其次，阿辉因为误解了老总的提问，加上他本来就不自信，很自然地就认为老总也看不起他的学历。因此，他并没有证明自己如何能胜任这个岗位，而是表达了对学历的轻视。然而，这一点对面试官毫无吸引力和说服力，他们不会浪费时间和金钱在一个“无法证明自己能力”的面试者身上，这样一来，阿辉被淘汰也变得理所当然。

最后，学历对阿辉很重要，但对面试官也真的那么重要吗？阿辉一直对自己的学历不自信，那我们可以想一下，是否只要阿辉是高学历，他就不再自卑了？学历高，未来就会一片春光明媚吗？否，学历只是公司筛选人才的一个条件，如果一家公司单靠学历就认定一个人的能力，想必这家公司也不会有太大的发展。可惜阿辉不仅自卑于自己的学历，也没有很好地展现出能力，辜负了面试官的期待。

每一个求职者都会经历面试这一关。经验丰富的人发挥自如，顺利闯关；战战兢兢的人被动应对，纵有再多能耐，但由于不自信等原因，遇到意料之外的问题时难免败北。所以，在每一次的“面试较量”中，求职者都应满怀信心，无论成败都坦然面对，“尽吾志而无悔”。

职场小提示

★不要浪费时间纠结学历问题，从你收到面试通知的那一刻起，你就已经具备了足够多的闪光点。在面试官面前，你只需要做两件事：一是感激他；二是用事实说服他，消除他的疑虑，为你提供工作机会。

★人的内心感情总会下意识地流露出来。你的每一句话、每一个细微的动作、每一个眼神都会传递给面试官。因此，你要读懂面试官话语背后的含义，锻炼自信心，只有来自心底的自信才能为你赢得机会。

4. 你的工作经历很丰富

——我想知道你频繁跳槽的原因是什么

工作经验通常会在简历中有所体现，而这份简历又会被面试官当作面试时，对应聘者进行更深一步了解的依据。面试时如何解释简历中的工作变动原因呢？这是面试官常会提出的疑问，因为频繁的跳槽会给面试官带来不安全感，这时我们要想方设法打消面试官的顾虑。

王亚总是在不停地更换工作，两年间，他已经跳了三次槽。

这一天，王亚在参加一场招聘会时，发现一家自己向往已久的公司正在招聘员工。他连忙抓住机会，留下了简历。而很快，王亚就接到了这家公司的电话，并在规定时间来到了面试地点。

面试官是个中年人。王亚进入面试办公室后，面试官对他笑了笑，说："从简历上来看，你的工作经历很丰富，请谈谈你以前的工作。"

"好的。我承认我换工作有点频繁。我的第一家公司因为饱受财政问题的困扰，而将我们部门全员裁掉；我的第二家公司不支持我参加技能考试，所以我主动离开了；我的第三家公司，刚上班没多久，他们就要搬迁，导致我上班非常不方便，所以就离职了；而第四家公司的管理非常混乱，每天要做很多繁琐的工作，完全不能展现我的能力，所以我也离职了。当然，如果不是因为公司原因，我是不会频繁跳槽的。"

"哦，这么说来你每次跳槽都是因为对当时工作感到很失望吗？"面试官问道。

“我也不想这样，可是每次我的运气都不好，我只能离职。”王亚无奈地回答。

“那如果我们决定用你，你用什么保证你会坚持做这份工作？”面试官若有所思地问道。

“我肯定会努力的，只要不再遇到上几次那样的情况。”王亚的语气有些消沉，他暗自猜想这次面试成功的几率不会太大。果然，面试过后，王亚再也没有得到该公司的一点音讯。

一个经常更换工作的人，虽然有丰富的工作经验，但面试官不仅不喜欢，还会为此担心。故事中的王亚就是如此，他没能赢得自己想要的工作，因为他没有听懂面试官问题中的含义，从而给出了失败的回答。

在面试时，面试官提到了王亚工作经历很丰富这一点，并让他谈谈以前的工作。此时，面试官并不想知道王亚以前具体做过什么工作，而是想了解王亚每次离职的原因。而王亚在回答自己为什么离职的时候，把所有的问题都“归功”于原公司。虽然的确有些公司在管理上有问题，但次次都遇到这样的“极品”公司，只能让面试官怀疑王亚是一个没有能力、随心所欲且人际交往能力较差的人。

如果你在面试时，遇到此类问题，可以这样告诉面试官：“我之所以这么频繁地更换工作，是因为那时的我，刚毕业还不够成熟，心思也不能完全放在工作上。但现在不同了，我找到了自己的职业方向，并决心在这一领域深入下去。我深知稳定平台的重要，因为唯有如此，才能实现个人发展和公司发展的双赢。”这样就能避免谈到你对原来职业大失所望的细节，而是将重点放在吸引你开始新职业的积极的一方面。记住，没人喜欢一个只会抱怨的人。

在面试官最后的提问中，如果王亚没有给出消极的回答，那他还是有机会面试成功的。但王亚没有听出面试官的弦外之音，反而暴露了自己缺乏热情、喜欢抱怨等缺点，因此再次失去工作机会也在情理之中了。

试想，如果王亚当时回答说："这一行具有知识更新更快、更具挑战性的特征，所以为了未来的发展，我也不会再轻易跳槽了。并且我现在应聘的工作正是和我专业对口的，凭借我对咨询业的了解，我会有更多机会为公司开拓更广阔的商业天地。"如果听到这样的发言，也许面试官会再次给他一次复试机会的。

面试中，应该如何向面试官解释你的跳槽原因呢？其实，无论是面试官还是面试者，都知道工作变动的一个最主要原因就是对以前的工作不满意。面试官怕的，其实是应聘者在新工作开始后，又因各种各样的不满或矛盾，再次寻找新的工作，成为频繁换岗的"跳蚤族"。我们在回答面试官的类似提问时，一定要站在面试官的角度，猜出他提出这个问题背后可能隐藏的暗示，从而随机应变寻找最适合的答案。

职场小提示

★跳槽之前，要先进行职业规划，想清楚跳槽后是否与未来的职业目标更接近，要进入的行业会涉及到哪些技能或专业知识，自己是否具备等等。

★在回答为什么频繁跳槽这个问题时，要将你原来的相关经历和新的发展方向联系起来，说出一个具有说服力的理由，让面试官相信你不会再频繁跳槽了。

5. 你的薪资要求是多少

——你是如何评估自己的价值的

在面试中谈薪资，一直是一个让人头痛的话题。根据一项数据调查显示，有超过 30% 的应聘者在面试时，都不敢主动谈薪资条件。“公司说多少就是多少”的意识很容易导致应聘者工作后才愕然惊醒，“怎么薪资这么低？”

而有些求职者在面试过程中，过分要求与自身能力不符的薪资，又说不出为什么要求这么多，只能落得被淘汰的下场。

面试谈薪资，面试者首先要知道“游戏规则”，才能“玩”好这个“游戏”。

张岩毕业于旅游专业，在最近一次大型旅游公司的面试中，她就遭遇了尴尬的“薪资谈判”问题。

张岩面试的这家公司非常有实力。面试快结束时，面试官问她：“你的薪资要求是多少？”

张岩马上回答：“我没有薪资要求，一切按照标准就行。”

面试官摇摇头：“非常遗憾，如果你都无法对公司提出薪资要求，公司又怎么对你提工作要求？我想大多数没有勇气提出薪资要求的人，都没有太多真实才干，对自己能力缺乏信心，而我们公司需要的是精英，不是工作机器。”说完，面试官站了起来。眼看面试就要结束，情急之下，张岩猛地喊道：“请稍等，我要求的月薪为5000元以上。”

面试官重新坐了下来，但紧接着就问她：“你凭什么拿这个薪酬？”

一向自信的张岩一下就发呆了，她想，是啊，我凭什么拿这个薪酬？

“你要求的薪资与公司提供给新员工的薪资有着较大差距，我们不能接受。”面试官直接表明态度。

眼看面试再次陷入僵局，张岩似乎就要失去自己喜欢的工作了，她只好再次鼓起勇气对面试官说：“我的薪资多少并非是最重要的，我之所以参加贵公司的面试，是期待自己能在贵公司工作、学习。凭借我过硬的专业水平以及过去两年的工作经历，我相信能为贵公司创造更多利益。”

听了张岩的话，面试官微笑着点了点头。而张岩，因为使用了“缓兵之计”，从而很好地缓和了尴尬的“薪资谈判”气氛，最终获得了期待已久的工作。

面试中，在对自己的具体工作还不清楚的情况下，贸然回答薪资问题显然会掉进面试官的“圈套”。一般来说，我们不主张面试者在面试时和面试官主动谈薪资问题。但是，在不少面试中尽管你一再避免谈论薪资问题，面试官依然会提到这个问题，并要求你给出正面的回答。如果此时你还一再推脱，就会显得软弱无能，很可能失去这份工作。

在面试前，面试者就应该做好充分的准备工作，就算面试官不提，也该清楚自己的“定价”。首先，你可以从专业的角度思考：人才市场对你这类人才有多大的需求量？观察身边的同学、朋友以及和你同一职位（工作）的人，他们的薪资大概是多少？其次，你可以将面试公司提供的职位，与你所在地区的薪资水平做对比。当然，如果你依然无法给出具体的薪资数目，还可以这样回答面试官：“薪资并非是我能决定的，如果一定要回答，那我还是希望薪资符合我的学历水平以及工作经验，毕竟在面试中，你们也对我有所了解了。因此我希望年资不低于×万元。”如此一来，面试官也就无法继续追问了。

在询问过张岩要求怎样的薪资后，面试官接着问：“你凭什么拿这个薪酬？”本来，在宝贵的面试机会中，谈薪资可能会增加别人拒绝你的风险，而张岩好不容易躲过了上一关，又迎来了更“危险”的一关。要张岩说出自己的薪资数目，面试官的目的，也只是让她对自己的能力做一个自我评估，让面试官相信她的确有能力拿到这个薪资。幸好张岩靠着自信和机智，做出了巧妙回答，最终赢得了这份工作。

那么，如果你在面试时被问到这类问题时，又该注意些什么呢？首先你要抓住面试官的心理，也就是说从面试官的言谈举止中，发现这个岗位的重要性或紧迫性，如果此岗位急需人才，你可以将重点放在自己的工作经验方面。其次，熟悉了解自己应聘的岗位，并据此说出一些独特的想法或观点，最好还能说明你将如何通过此岗位为公司带来经济效益。无论是从哪方面，只有在面试前对公司背景及需求进行了一番了解，你才能在回答尴尬的薪资问题时，游刃有余。

总之，在面试中谈薪水，最好不要“就薪水而谈薪水”，而要适当把握一些合理的的原则。告诉面试官，薪水和职位本身相比，你更在乎后者，而你也更希望公司了解到你的价值。如此一来，就能将薪资问题上升到另一个高度，同时也有助于你找到满意的工作。

职场小提示

★在职场这条路上，领导力和执行力都可以通过培养慢慢获得，因此应聘者要先做好职业规划，就业初期不要只关心薪资。

★当你在回答薪资问题时，不要什么都不想就随意回答。要提前做好准备，关键时刻做出巧妙的回答。

6. 这是我的名片

——恭喜你，面试通过了

职场上，面试就是一门艺术。要想得到工作机会，就要学会听懂面试官的“暗语”，做出机智的回答。自信的人总是更接近成功，纵观古今中外，为自己争取到机会的人无不有着过人的胆识和充分的自信。

今年三月份，夏林终于在一家外资企业谋到了一个职位，这可是他一直梦寐以求的事情。当时参加面试的有500多人，而公司只录用3个人。夏林的面试经历，可以用“传奇”来形容了。

轮到夏林面试时，他敲门进去，发现外籍总经理正忙着打电话。见到夏林后，外籍总经理招呼他坐下。几分钟后，外籍总经理还在打电话，并示意夏林帮他拿一个蓝颜色的文件夹。夏林走向外籍总经理指明的方向，拿起一个蓝颜色的文件夹就递给了他。

没想到，外籍总经理突然挂了电话，对夏林说：“面试结束，很遗憾，你没有通过，请回去吧。”

夏林傻了，他暗想，面试还没开始，怎么就结束了？大概是外籍总经理见过太多这样反应的应聘者，所以他毫无感情地对夏林说：“从你进来那一刻起，面试就开始了。你在面试中一共犯了三个错误。第一，在我的文件柜里一共有6个蓝色文件夹，每一个上面都有编号，但你并没有问我需要几号蓝色文件来，只是随便拿了一个。第二，我正在打电话，同时还需要和对方说话，因此当我说需要文件夹的时候，你应该先跑向文件柜，以节约时间。第三，在你拿到文件夹的同时，应该主动问我需要哪些资料，翻开找到它们后再递给我。这就是你在这次面试中犯下的错误。你也知道，现在人才齐齐（济济），我们需要的是各方面都很优秀的人才。”

夏林听完后，知道自己没戏了。正当他想离开的时候，突然想起刚才这个老外说的“人才‘齐齐’”，夏林觉得自己有必要将这个错误给他纠正过来。于是，他微笑着对老外说：“请问人才‘齐齐’是什么意思？”

“就是说有很多的人才。”老外也笑着对夏林说。

“你知道吗？正确说法应该是人才‘济济’。希望您在没理解清楚之前，不要随意用中国的成语。” 夏林依然微笑着。

第二天，就在夏林准备重新寻找工作时，却接到了这家公司人事部的电话，通知夏林参加第二次面试。在第二次面试中，夏林的表现很优秀，离开前，外籍总经理亲自递给夏林一张名片并说：“这是我的名片，你随时可以联系我。”

两个月后，夏林成为了这家公司的正式员工。

夏林参加的面试不同于以往。面试者不知道面试何时开始，还没做自我介绍，就已经置身其中，等到面试者反应过来的时候，面试已经结束。很多面试者在这样的面试中，都会出现较高的失败率。分析故事中夏林成功的原因，可以看出他不仅靠运气，还靠他的勇敢和自信。夏林没有像其他面试者一样在听到面试官对他说“很遗憾，你回去吧”之后，就灰溜溜地站起来离开，而是为自己争取到了第二次面试的机会，因为他敢于在别人说“不”之后，仍然勇敢地去争取。

在面试中，当你的面试官对你说“这是我的名片，你随时可以联系我”

时，就等于是在告诉你，你已经通过了面试，给了你一份口头的承诺。

虽然有些面试官会在整个面试过程中流露出对应聘者的赞赏，表现出即将录用面试者的假象，甚至暧昧表态，比如说一些诸如“如果你来我们公司，可能会比你原来公司要忙一些”等模棱两可的话，但是，这并不表明他们要录用你了。而如果面试官尤其是该职位的顶头上司亲自将名片递交给你，那恭喜你，你得到这份工作就真的“八九不离十”了。

职场小提示

★养成良好的做事方式，将有助于提高个人素质。如果你参加了类似夏林这样“不知道是面试的面试”，良好的做事方式将帮助于你更接近成功。

★拥有自信的人，也拥有改变人生命运的机会。

★在注意表达方式的情况下，勇敢说出自己的真实想法。在说出自己的真实想法时，要让你的话语听起来充满感情，尽量使遣词造句富有力度，并掌握抑扬顿挫的分寸。千万不要像说悄悄话一样，轻声细语地说，这不仅会让人以为你缺乏自信，而且还不容易接受你提出的想法或意见。

7. 你以前的老板有哪些缺点

——你会如何评价身边的人

在面试中，面试官经常会问一些让面试者感觉难以回答的问题。比如，“你如何看待上一个公司呢？”“你以前的老板有哪些缺点？”等。如果你恶意中伤曾经工作过的公司或老板，面试官会认为你品行有问题。但如果一味赞扬以前的公司或老板，听起来又给人不真实的感觉，而且面试官还会产生疑问——如果你以前的老板真的对你很好，公司环境真的让人十分满意，你又为何跳槽呢？

那么，当我们在面试时，又该如何回答这些问题呢？

经过层层选拔，方小周进入了一家知名网络公司的终面。

面试官是董事长本人。他在问了一些专业问题后，忽然话锋一转：“方小周，现在给你一分钟思考时间，然后用一分钟说出你上一任老板的缺点。”

方小周点了点头，开始暗自思量。其实对于这个问题，在面试之前，他就听朋友提醒过。当时方小周想，这样的问题多好回答，就说说优缺点呗，可现在真正身临其境，他才发现并非那么好回答。

方小周正思考着，就听面试官说：“一分钟时间已到，请开始叙述。”

“好的。”方小周自信地点点头，答道：“坦白地说，我始终认为我的上一任老板没有什么真正的缺点。他非常信任我，我们每周都会聚一次，用来解决我提出的问题。而且他很懂得运用我的长处，因为分配给我的工作都有助于我实现自己的目标。实在要说他的缺点，我觉得他可能有点健忘，好几次都忘记了开会的日期和时间。我想这是因为他实在太忙的原因。不过这样的情况已经不常发生了，因为我会给他发邮件提醒，这样也有助于他合理安排自己的日程。总而言之，他是我愿意为之效力的好经理。”方小周回答完后，微笑着看向面试官。

“很好，你没有超时。不过，既然你的上一任老板这么好，你为什么会选择离职？”面试官紧接着问道。

“其实，我并非想离开上一家公司，而是太想进入贵公司了。我承认自己很喜欢上一份工作，在那里也认识了很多朋友，就算是辞职后，我依然会和他们保持联系。但从职业发展角度来说，我更希望进入贵公司，更多地接触一些高科技项目，因为我的上一任老板，并没有给我这样的机会。”

“好的，方小周，你的面试表现很精彩，请回去等我们的通知。”董事长笑着对方小周说。

第三天，方小舟接到了这家公司的电话，他被录取了。

故事中的方小周在回答面试官提出的问题时，表现得很机智。我们分析一下他的回答。

首先，他并没有直接说上一任老板的缺点，而是从老板的优点开始谈，强调自己受到了这位好老板的积极影响。他说到老板的“缺点”——容易忘记事情时，也替他想到了一个情有可原的理由——忙碌。因为大家都理解，人一旦忙碌起来，很容易忘记事情。接着，方小周又说自己会帮助老板记事，不是当面提醒也不是通过他人转告，而是通过邮件方式告知。这就说明了方小周是一个善于为他人着想、懂得理解和尊重他人的人。表面上看，方小周的回答似乎有些不对题，但实际上他却借此说明了自己在为人处事方面的优点。

其次，当面试官听到方小周将上一任老板形容得那么优秀时，自然会追问一句："既然如此，你为什么会辞职呢？"而方小周再次承认自己的确很喜欢上一份工作，和同事之间的关系也很不错，但从职业发展方向考虑，他决定选择更有助于自己进步的公司，所以才辞职来这里面试。这样的说辞，让面试官认为方小舟虽然注重人际关系，但并不是一个优柔寡断的人，可在处理人际关系和提高个人能力方面兼顾。同时他的回答又赞美了为他提供面试机会的这家公司，一箭双雕。所以，他被录取也是情理之中的事情了。

在面试中，当你遭遇到此类难以回答的问题时，就算你心中有千万般对上一任老板的不满，也不能有太多的抱怨。若你贬低你上一任老板，过多地谈论他的失败之处，只会让面试官怀疑你的工作能力和为人。

职场小提示

★在面试中，如果面试官没有主动要求你谈论上一任老板的缺点，就不要主动提起，毕竟这是一颗危险的"地雷"，踩不好就会炸伤自己。

★当面试官要求你指出上一任老板的缺点或毛病时，你可以从对方的优点开始，对老板的能力作出肯定评价，同时可以指出一些相对较小的失误，但不要透露出任何不满的想法。

★用优点"烘托"出上一任老板的缺点时，也不能将其夸得太好，要知道过犹不及，点到即止为佳。

8. 你觉得自己有哪些缺点

——我希望你能理智地看待自己

这个世界上没有十全十美的人，每个人都有优点和缺点。在面试过程中，有些面试官可能会让你谈谈自己的缺点，这样让人“无从下口”的问题是很多面试者不善回答的。

但你一定要相信面试官，他更看重的其实是你如何看待自己的缺点，而不是你的缺点本身。你可以将自己的优点当缺点来说，比如注重学习、办事认真、容易相处、不轻易认输等。但回答的关键在于，你要巧妙地将优点逐一分解为“缺点”。

在最近一次面试中，侯涛败在了一个小小的问题上。

面试官是一位年轻的女士。面试中，侯涛对于一些常规性问题都对答如流，双方谈得很愉快。眼看面试接近尾声，面试官却话锋一转，问道：“你能说说自己的缺点吗？”

侯涛一时没反应过来，参加过那么多次面试，还从来没有遇到过这样的问题。我的缺点是什么呢？他暗自思量。

片刻之后，侯涛开始说：“要说我的缺点，我觉得自己过于追求完美，以致于为身边的同事带来了一些压力，这在我今后的工作中是一定需要注意的。我的脾气也不太好，有点急躁，有时候工作需要两天完成，可是我一天就完成了。另外，我很爱看书，所以总是觉得自己的时间不够用，当然我懂得如何合理分配工作和生活、学习的时间。”

“嗯，谢谢你的回答，请等我们的电话通知吧。”面试官站起身，对侯涛说。

可惜，侯涛之后再没有等到该公司的消息。

相信大家都熟悉“蝴蝶效应”。一只蝴蝶在巴西扇动了翅膀，就很可能引起美国得克萨斯州的一场龙卷风。而面试中，面试者的一个微不足道的回答，就可能成为一场改变人生的“蝴蝶效应”，这绝非夸大其词。

有时候，面试官会对面试中表现优秀的面试者提出难以回答的问题，就像故事中的侯涛，他被面试官要求说出自己的缺点。面对这个问题，有的面试者摇头说没有；有的面试者则回答得过于谦逊。而侯涛失败的原因，是他没有正确理解面试官的提问，给出了错误的答案。

首先，故事中的面试官要求侯涛说说自己的缺点时，并不是真的要听他到底有什么缺点，而是想看侯涛是如何评价自己的。但侯涛的回答却很老套，缺少新意，而且也没有通过探讨缺点来展示一下自己的优点。

其次，侯涛回答说自己过于追求完美。很多面试者都会这样回答，面试官知道这无非是变相夸奖自己罢了。然而，优秀的回答应该考虑到提及率而尽量避免。好的回答应该如：“我也很不喜欢干活投机取巧的人，如果我身边有这样的人，我就会很着急地催促他认真仔细地干活。”这样面试官会认为你是一个对工作认真负责，注重细节的人。

第三，侯涛说自己的脾气不好，性格急躁。听起来，好像真的只是个性上的小缺点，但被侯涛解释后，不免让面试官觉得不妥——上司安排你两天完成的工作，你一天就做完了，质量能保证吗？其实他可以这样回答：“我想应该是脾气太急。比如我从心底不喜欢那些浪费时间的人，我总是想尽快完成工作。”这样回答，表面上看是在自责脾气不好、性子急，但其实是在说自己工作有责任心、雷厉风行。这样的员工，老板又怎么会不欣赏呢？

第四，侯涛说他很爱看书，时间却不够用。很可惜，这既不是缺点，也不是优点。因为“学无止境”，所以如果想说明的情况与应聘岗位关系不大，应该尽量避免提及。

通过以上分析不难看出，当面试官问到你最不想回答的缺点问题时，诚实是最重要的。尽量避免“硬伤”，如不喜欢和人交流、缺乏耐心、不够细致等。你可以说：“我在某方面做得不是很成功，但我从中学到了不少经验和教训，我相信它将对我以后的工作，产生良好的促进作用。”

人非圣贤，孰能无过，一个人有缺点并不可怕，可怕的是不敢承认它、改正它，反而掩耳盗铃、强词夺理。一个自信的人，在回答自己缺点的时候，也会显示出自信，相反一个缺乏勇气的人，就算说到自己的优点，也会透露出怯弱。“横看成岭侧成峰”，某些缺点恰恰是某些工作的优点。从辨证观点看，人的优缺点是相互转化的，尤其是当你正确认识到了自己的缺点，并真正改正了它们时。

职场小提示

★在回答自己缺点的时候，表现要从容。这个问题也是在考察应聘者的情商和胆识。如果你一听到这个问题就满脸通红、坐立不安，那会暴露出你不够成熟，事前没有做好充分准备。

★回答一定要坦诚。最好避免说自己是“完美主义”、“乐于助人”等空话、套话，因为面试官看着你的简历，再和你谈几句，就大概知道你有什么缺点了。

★在谈及自己的缺点时，尽量不要涉及性格特征方面。比如，应聘销售职位时，不能说“不太善于与人交往”等缺点；应聘文字工作者时，就不能说“性格很外向，总是静不下来”等缺点。

9. 你的情况我们已经了解了

——你的面试结束了

面试，不是双方的闲聊，也不是商务谈判，而是有主题、有目标的交流。一次成功的面试，是有一定时间限制的。时间短了不行，不利于双方相互了解；时间太长也不行，尤其是对面试者而言。因此，从某种意义上讲，面试是陌生人之间相互沟通的最好机会。

不过，面试时最容易被面试者忽略的就是最后的离场。那么在面试结束后，什么时间离场最合适呢？

姗姗是一个有些内向的女孩子，在大学里学的动漫制作。一天，她接到了北京跃辉动画基地打来的电话，请她第二天上午九点过去面试。

第二天上午不到九点，姗姗就来到了公司。前台客气地将她领到了会议室，两分钟后，面试官进来了。

有些内向的姗姗鼓起勇气做了简单的自我介绍后，面试官又提出了一些常见问题，姗姗逐一进行了回答。之后，面试官又将招聘岗位的工作性质、内容和职责介绍给姗姗，并让姗姗谈谈自己今后对工作的打算和想法。也许是找到了和专业对口的工作，也许是面试官创造的轻松状态使她放松了下来，总之在之后的半小时里，姗姗逐渐变得自信起来，双方也谈得很愉快。

接下来，本该谈论福利待遇的问题，然而面试官话锋一转，对姗姗说：

“今天的谈话，我怎么感觉你的自信不是发自内心的？而且你右边的头发一直耷拉下来的，我根本看不到你的右脸。”

姗姗心里一阵发慌，她感觉面试官的眼光像太阳一样烤在她身上。姗姗的脸直发烫，忙将右边的头发整理好，露出了右脸。面试官看着姗姗说：“你脸上又没有疤痕，为什么要用头发挡着呢？”

接着，面试官依然没有和姗姗谈论福利待遇，而是问了姗姗一个关于个人形象与岗位内涵关系的问题。姗姗的思绪还停留在刚才面试官要求她将头发撩起来的事情上，于是胡乱回答了几句。她觉得这些回答连自己都没法说服自己，而且她始终觉得面试官的每一个字似乎都在指责她的不自信。

“你的情况，我已经大致了解了。在我们面试完其他人之后，会给你发出通知。”面试官对姗姗说道。

“好的，不过，我还有一个问题。”姗姗低着头说。

“请讲。”

“我想，我还不太清楚贵公司的福利待遇问题。”

“关于这个问题，我们会在下一轮面试中谈到，你先回去等通知。”

姗姗并没有等到通知。她想，我头发放下来不是不自信，而是我的习惯。于是她打电话给面试官，想解释一下，并询问落选的原因。电话接通后，面试官对她说：“你的习惯代表了你一贯的不自信。本来，我是考虑让你参加第二轮面试的，但在第一轮面试后，你不懂得适时离开，说明你是一个做事容易拖延的人，这让我感到有些失望。”

没有人规定面试的具体时间，而双方谈话时间的长短，也要根据面试内容而定，但最好掌握在30~45分钟左右。故事中的姗姗就是因为没有把握好离场时间，才失去了第二次面试的机会。那么，怎样才知道面试是否已经结束，从而适时把握好离场时间呢？

在重要话题结束后，或是在面试官暗示之后，面试者就应该主动告辞。

故事中的姗姗在听到面试官说“你的情况，我已经大致了解了。在我们面试完其他人之后，会给你发出通知”时，就应该主动站起身来，微笑着和面试官握手告辞，一边谢谢对方一边礼貌地退出面试室。

然而，姗姗没有听懂面试官的暗示，她只顾想着问薪资待遇问题，却没想到面试官的时间也很宝贵，外面还站着其他等待面试的人。这样的人，自然会给面试官留下“拖延，不考虑他人”的不好印象。因此，她的面试失败了。

因此，在面试快要结束或者已经结束时，面试官通常会对面试者说，“感谢你来应聘，决定一出，我们就会立即通知你”、“你的情况我们已经了解了”、“还有其他应聘者需要面试”等暗示语，这时，你就要主动离场了。

需要补充说明的是，在面试后的一两天内，面试者应该给面试官发去一封邮件，感谢在面试中，他为你所花费的精力和时间，然后在此信中简短地谈到自己在面试中犯下的小错误并致以歉意，并再次说明你曾经的相关经历以及可以帮助他们解决的问题。如果你在一周之内依然没有等到通知，就要考虑致电面试官询问情况。从这个电话中，你可以听出自己是否有希望被录用。

职场小提示

★在面试官结束谈话之前，不要表现出焦躁不安等情绪。过早地想离场，只会让面试官认为你没有诚意，或者你是一个缺乏耐心的人。

★面试后，要再给面试官打个电话，说明两点：一是你觉得有必要重新强调一下自己的优点；二是你又发现了一些新的理由、成绩或经验，有必要让他们知道。得到一次面试机会不容易，不要轻易放弃希望。

10. 请介绍一下你的专长

——请展示你的专业能力

很多面试者常有这样的抱怨——和同学一起去面试，明明自己的专业知识掌握得比同学更扎实，面试官却把机会给了同学而放弃自己。那么在面试中，怎样才能将自己的专业知识全面展示给面试官呢？

王峰听说某大公司要招聘一位电脑编程人员，待遇十分不错。不过，招聘条件中对专业知识的要求很高。据说投简历的有几百人，王峰居然幸运地进入到了最后的面试。

王峰的面试官一边翻看王峰的简历一边问："请你从专业角度介绍一下你的专业。"

"好的，我有一台超次掌上型的单晶片时脉输出电脑（电子表），我大学期间喜欢制作一些解译编码作业流程（闹铃功能）。多功能虚拟实境模拟器（任天堂）要比解译编码作业流程（闹铃功能）复杂得多，不过我在今年三月份完整测试过许多静态资料储存单元（只玩卡带破关）。大学毕业后，我曾经维修过一些复频道超高频无线多媒体接收仪器（电视）。"

"很好，请举出具体的例子。"

"大三那年，我有一个同学，他的记忆力不是特别好，总是忘记事情，可我们又没有太多时间提醒他，因此我就针对他的兴趣爱好制作了'解译编码作业流程（闹铃功能）’，并帮助他安装到了手机上，这是当时的效果。”说着，王峰拿出了照片和制作流程图：“如您所见，因为从来没有制作过，所以使用的方法比较复杂，绕的圈子比较多。但让我欣慰的是，我的同学依靠这个软件很少忘记事情了，并且他很喜欢。”

“很不错的流程图。可以的话，你什么时候能就职？”面试官盯着王峰，直截了当地问道。

就这样，王峰赢得了这份工作。

一般情况下，当面试官要求你从专业的角度来解释自己的专业时，并不是在刻意刁难你，而是希望借由这个问题了解你对自己专业的理解和运用能力。那么，在回答这样的问题时，应该注意些什么呢？

首先，针对本次面试，应做好足够的功课。面试前的充分准备，会让面试中的专业展示精彩纷呈。反之，就算有一脑袋的知识恐怕也没有用武之地了。就像故事中的王峰，他用专业语言说出了其实很简单的东西，但他所做的这一切又正好是职位所需要的，如此精彩的回答，面试官又怎么能不欢喜呢？

其次，简历应体现出充分的专业性。要想让面试官判断你是不是真正的专业人才，首先就需要一份展示你专业实力的简历。尤其是应聘故事中那样具有专业技术含量的工作，简历中应该有比较详细的专业性描述。

第三，叙述自己的专业时，要学会运用具体事实进行说明。专业展示，需要的是有理有据。尽可能拿实际说话，千万不要吹牛。如同故事中的王峰，他详细述说了自己如何为同学制作一款提醒闹铃软件，并附上了流程图和照片。而这些，都有助于面试官对其处理复杂问题能力进行了解。如果缺少实际案例，就会使得面试官质疑应聘者所讲内容的真实性。

第四，有时候，在述说专业时，如果面试官也是专业人士，当然需要用专业术语来展示。但如果面试官并不是这方面的专业人士，那最好就用通俗的语言来表达。如果你能用通俗易懂的语言，将自己的专业问题讲给非专业人士，并且让他们听懂，这本身就证明了你的专业，同时也证明你的专业性已经超越了普通层次。

实际上，任何一个岗位都是一门专业。所以当你去面试时，免不了会面临与面试官探讨自己专业问题的情景。这一点在面试环节中可以说是硬碰硬，因为你既要展示自己的专业功底，又要展示自己的应用能力。如果专业展示没有做好，面试也几乎失败了一大半。

职场小提示

★面试前的准备工作是很重要的，要将自己大脑中大量的专业信息以系统的方式整理好，这样在面对专业与非专业面试官时，才都可以侃侃而谈。

★专业的展示不仅仅是说明自己的专业问题就够了，许多专业之外的东西也在影响着你的面试分数。比如你的沟通能力、交际能力、专业应用能力等。

★面试中应尽量避免使用大量理论来陈述自己的专业。列举实际案例，将为你的面试增加更多的分数。

11. 你有英语证书吗

——你是否具备了扎实的英语能力

在跨国公司的面试中，有不少面试者的英文其实都不错，但由于某些原因，他们没有拿到英语等级证书，或是每每置身于英语面试中，总会因为非母语而出现紧张感，让自己的表现大打折扣。实际上，如果你的确具备了扎实的英语能力，面试前又做好了充分准备，那即便没有证书，也可以在英语面试中脱颖而出。

陆敏是今年刚毕业的英语系专科生，并没有拿到专业八级证书。在本科生都很难找到工作的今天，按理说，她在筛选简历的环节就会被刷掉，然而她却很幸运地被一家大型跨国公司聘用了。她是凭借什么赢得这份工作的呢？

当陆敏在媒体上看到这家跨国公司发布的招聘启事时，经过对照，发现自己的条件还算符合，但她有一个致命缺陷——她是专科生，虽然有扎实的英语听说读写能力，但并没有获得英语八级证书。不过为了进入梦寐以求的公司，她决定试一试。

面试当天，陆敏带上简历来到了招聘现场。她记得招聘启事上说只需要三名职员，但守在那家公司门口等待面试的至少有四百人。

面试开始时，工作人员一个一个地检查应聘者的证件和简历。陆敏心里有点害怕，万一被查出来，她连面试机会也没有了。可能是面试的人太多了，检查人员设法一一查验，所以陆敏成功地在“拦截无英语证书应聘者”一关中顺利“蒙混过关”了，意外获得了面试机会。

陆敏的面试顺序号是102号。她默默地为自己打气：虽然结果很可能是被淘汰，但能得到一次大型公司面试的机会也不坏，重在参与。

竞争真的异常激烈，陆敏看到进去面试的人，大多垂头丧气地走出来。

“102号进来面试！”面试官打开门，大声喊道。陆敏忙站起身，快步走进面试室。

面试官是一名外籍总经理，他见到陆敏的第一句话就说：“请拿出你的英语八级证书。”陆敏愣了一下，对总经理坦白自己还没有取得英语八级证书。她刚说完，外籍总经理就大声叫工作人员过来。陆敏知道他一定是要责怪工作人员的疏忽，并且会让她离开面试现场。

此时已经容不得太多考虑了，陆敏连忙礼貌地用流利的英语对外籍总经理说：“我的确还没有取得英语证书，但如你所见，我能用英语与你们进行流利的交流。同时我也在积极学习英语，经常看英语原声电影。我的口头表达能力并不会比那些拿到英语八级证书的人差。我知道你们需要的是有能力的员工，而并非一张证书。”

当陆敏一气呵成地用英语说出这段话时，外籍总经理脸上绽放出了笑容，陆敏顿时感到从未有过的轻松。几秒钟后，外籍总经理站起来，向陆敏伸出手，用汉语对她说：“你表现得很不错，你是一个勇敢的人。虽然你是今天唯一没有英语八级证书的应聘者，但你获得了进入下一轮面试的机会，恭喜你！”

又经历了以后几轮面试，陆敏的表现越来越得到面试官的认可。两周后，陆敏顺利地进入了这家公司。

敢于挑战英语面试的面试者，其实都具备了一定的英文基础。运气

加上良好的心态以及较好的英语口语基础，是陆敏这次面试成功的主要原因。

面试官向面试者要某种证书，其实是想知道面试者是否具备某种能力，是否能胜任所应聘职位。只要面试者可以展示出相应的实力，那么很可能在没有证书时，也赢得面试。

另外需要说明的是，证书虽然不是找工作的必备条件，但有证书确实比没证书更能直接证明你的实力。所以，如果有可能，还是尽力拿下找工作时需要的证书。还要注意的是，证书虽然证明了面试者的内在能力，但是否能顺利面试成功，还要看面试者的现场发挥。有证书固然增加了胜算，但没有证书，面试时自信、主动、大胆地展示自我，一样可能打动面试官，赢得通往理想职场的门票。

职场小提示

★在短暂的面试中，怎样让自己所学的知识及个人表达能力得到面试官的认可也是相当重要的。在任何时候都应该鼓足勇气，为自己创造机会。

★即便面试失败，应聘者也应该以正确的言行举止结束面试，千万不要流露出沮丧的表情。这样，至少能让面试官感受到你正面积极的态度，认识到你有成熟稳重的个性。

12. 你对自己的未来有什么规划吗

——我想了解你是否是公司需要的人才

有人总在抱怨，自己明明很有工作能力，但在面试的时候，总会败在一些小问题上，答得牛头不对马嘴。在回答面试官提问的时候，好高骛远不行，过于谦虚也不行。如果你的专业与所选公司的招聘职位不相符合，而面试官又要求你谈谈对未来的职业规划时，你又该怎样回答呢？

张明学的是英语专业，但就在不久前，他将职业之路转向了培训方面，并且向一家大型培训公司投了简历。

面试当天，面试官拿着张明的简历，第一句话就问道："你的专业和我们公司所在的行业不太对口呢！"

"没错，我之前学习的是英语专业，可惜我并不太喜欢。在经过了充分考虑后，我上了一些职业生涯规划方面的培训课程，在课堂上我学会了如何定位自己的职业发展。我拥有较强的表达能力，大学期间就经常获得各种辩论赛的奖杯，我非常喜欢站在讲台上的感觉，因此也经常参加各种演讲。在过去的一年里，我一直担任公司的外贸销售，但我并不开心，因为我不喜欢每天机械式的工作。"张明礼貌地回答道。

"所以你就选择了应聘我们公司？"

"没错，经过职业培训学校的辅导，我认为自己更适合在培训方向发展，而当前最合适的切入点就是贵公司所处的行业。我期待能在培训助理这个职位上静下心来认真工作，并在这个平台上圆我的培训师之梦。”

“很好，那么你在未来三年有怎样的职业规划呢？”

“在未来三年，我期待自己能在目前申请的这个职位上，通过不断努力，获得几次晋升，从培训助理晋升到培训主管，最终成为培训经理甚至是这个行业内出色的培训专家。同时，我也希望自己的加入能给贵公司带来更大的商业价值。”

“很好，虽然你的专业与公司并不对口，不过看来你在职业培训学校里的确是个努力的好‘学生’，我们商量后，会给你通知。”面试官有些欣慰地笑着，站起来和张明握手。

一周后，张明正式开始了新的职业生涯。

故事中的张明，虽然学的不是培训方面的专业，但他却真诚地说出了自己对未来职业的规划，清晰明了，让面试官认为他将是培训行业不错的“新星”。所以，他才能获得期待的职位。

面试中，如果面试者的专业与公司职位不对口，面试官一般都会先问面试者的未来职业规划，问这个问题的目的，是面试官想了解面试者求职动机以及对自己中长期职业发展的思考。比如，面试者是否会在短期内因为专业不对口而跳槽。

针对这一点，面试者首先应做好岗位分析。要回答这个问题，就需要在选择职业之前，对岗位进行多维分析：这个岗位具有哪些工作性质？这个岗位的工作内容包括哪些？这个岗位将来会有哪些发展方向？如果自己上岗，是否具备相对应的自身素质与专业技能？……如同故事中，虽然张明的专业和应聘的公司不对口，但他的回答却相当有策略，顺利将面试官所需要的信息传递给了对方。他承认自己的确是其他专业毕业，但选择非对口专业的公司，是因为参加过职业规划培训，所以在投递简历时经过了一番思考，而不是海投盲投。

其次，强调自己的优势，并针对未来职业规划的方向进行描述。比如张明就说自己拥有较强的表达能力，大学期间就经常获得辩论赛方面的奖杯，也经常参加各种演讲等。这些都是符合所求职位要求的优势，同时也给了面试官为什么要雇用他的理由。

第三，表明自己会脚踏实地地工作，并且希望得到发展。无论做哪一行，都需要脚踏实地打好未来发展的基础，再针对未来三到五年做好职业规划。表示一下决心，会让面试官对面试者更放心。

其实，能够做好工作的人，并不一定能找到好的工作；找到好工作的人，是那些会找工作的人。所以，不管就业环境多恶劣，也不论面试中面试官的提问如何复杂，如果你对自己有着明确的职业定位和清晰的发展目标，掌握了求职中的游戏规划，那你会发现，找工作其实很简单。

职场小提示

★在应聘与自身专业不相符合的职位时，一定要提前做好准备，想想看自己是否真的适合这个职位，并做好未来的职业规划。

★面试官问到求职者的职业规划时，其目的最主要的还是看其个人职业发展方向与这个岗位是否相匹配，以判断此人是否具备稳定性。

★在说明职业规划的时候，一定要清晰表达出自己的职业定位以及发展路径。

13. 我为什么要雇佣你

——你和其他应聘者相比有哪些优势

大部分应聘者求职时都会选择先投递简历，再等待面试的机会，但也有例外。有时候你看好了某一份工作，却发现该公司却刚刚结束了招聘，这时如果你贸然前去面试，面试官通常会告诉你："我们已经有了合适的人选。"

如果你坚持面试，紧接着就可能面对经典的问题："我为什么要雇佣你？"要知道，一个常见的面试问题有助于你成功开启职业生涯的大门，但更多的时候，它也会将你无情地扫地出门。那么，面对这样的问题，你应该如何回答呢？

毛晓艺的面试经历和别人有些不同。她没有为自己精心设计简历，也没有参加过招聘会，而是瞄准了心仪的公司，主动出击获得工作机会的。

毛晓艺心仪的公司是一家服装道具公司，她先是打电话询问该公司的招聘情况，可对方却说："我们已经停止招聘了。"

但毛晓艺没有放弃，她直接找到了该公司的地址，登门拜访。但她刚到公司门口就被保安拦住了，无论她怎么说，保安都以公司有规定为由拒绝让她进去。

毛晓艺正感到无望的时候，恰巧公司销售部的经理出来了，并询问是怎么回事。

这大概就是毛晓艺的第一轮面试。倔强的毛晓艺将事情缘由告知了销售部经理，这位经理在听了毛晓艺的“自我介绍”后，让她回去等待消息，说自己会告诉公司高层，有机会的话给她电话。

两天后，毛晓艺真的接到了电话，通知她过去面试。

面试官是公司总经理。

“你的勇气和执著很可贵。”总经理开门见山地说道，“你说想进入我们公司的销售部，但我们现在并不缺人，我为什么要雇佣你呢？”

“首先，我要感谢您和销售部经理给予我这次面试的机会。其次，我认为自己很合适这个职位。因为我拥有这个职位所需要的解决问题的能力，能很好地完成这份工作。”

总经理点点头，没有说话。

“我对贵公司一直都很钦佩，每一年贵公司的招聘我都会仔细去看。可惜，因为之前一直在学校上学，所以无法来应聘。但从我对贵公司的了解看，我认为贵公司在销售运营方面存在一定的问题：贵公司在过去两年从未对销售地区进行过调整，根据我的看法，贵公司如果想要进一步发展，势必要调整方案，重新开发一些‘死角’。我曾经在异地实习期间为一家公司制作过销售方案，帮助他们实现了百万盈利。

“我学习能力极强，这让我能迅速发现问题并解决问题。在同学眼中，我也是一个很好的团队成员，始终拥有积极的态度。另外，我还具有很强的抗压能力，尤其是当情况变得严峻时。”毛晓艺说。

一周后，毛晓艺顺利上岗。

在这个以“精简”为运作理念的时代，公司当然更加倾向于雇佣能拓展思路又能很好完成任务的员工。

面试是一件严肃的事情，说错了话就意味着面试失败。而面试官在问你“我为什么要雇佣你”这个问题时，并不是瞧不起你，而是期望你的回答能将你同其他竞争者区别开来。面试官真正想知道的是“你有哪些特别或者与众不同的特质”、“你和其他应聘者相比有哪些优势”。了解了面试官问题背后的含义，才能给出让面试官满意的答案。

因此，当面试官问你这个问题时，你最好从另一个角度出发，把这个问题当作是让自己脱颖而出、超越其他竞争对手的关键机会。回答时要避免故作聪明的反驳和貌似幽默的言辞。故事中的毛晓艺就做得非常好，她首先谢谢给予她机会的人，然后说明自己为什么合适被雇佣，接着详细阐述自己的技能。

此时，面试者给出的细节越多，获得工作的机会就越大。其实，面试并不是谈论你想要什么的时候，而是让你说出自己和其他竞争者差距的时候。你手里能把握的筹码，就是向面试官展示出你能如何超越其他人，能帮助公司完成重要的任务或是实现重要的目标。如果你能做到这些，就能轻而易举打败那些先你而来的“很合适”的应聘者。

毛晓艺之所以成功，除了因为她对未来职业生涯有清晰的定位，运气也是一个重要因素。她在面试之前没有做好简历，在打完电话被拒绝后依然直接跑去公司询问，这在面试中是不值得提倡的。

职场小提示

★当面试官问你“我为什么要雇佣你”时，其实是让你在面试中推销自己。把自己当成一件产品来思考，告诉面试官为什么要“购买”你。

★仔细思考你和别人的不同点，能让你更好地发掘自己的独特之处。世界上没有两片相同的叶子，同样也没有两个完全一样的人。

★毛晓艺的成功告诉我们，想找工作，就要有技巧地主动“进攻”，而不能总是坐等机会上门。

14. 你是哪里人

——你会因为家庭变动而影响工作吗

通常情况下，公司最怕招到那些“来无影去无踪”的员工，今天还工作得好好的，明天却不见踪影了，扔下一大堆烂摊子等人接手。因此，公司在招聘时都比较重视员工的稳定性，如果你是一个喜欢玩失踪的人，恐怕没有几家公司敢聘用你。

陈璐的家在偏远的西北，她一直梦想着能到北京找份工作。

毕业后，陈璐迫不及待地来到北京，并幸运地收到了某公司的面试通知。

面试官一上来就问：“你是哪里人？”

陈璐心想，我不是在简历上写了吗？怎么面试官还问啊？她回答说：“我家在陕北，是个小县城。”

面试官又问：“那你为什么不回到家乡去发展呢？”

陈璐答道：“家乡没有多少发展的机会，北京的机会比较多，而且待遇也比较好。”

“如果你的家乡也有好的发展机会，你会不会选择回去？”

陈璐想了想，觉得热爱家乡的人应该会得到面试官的青睐，于是就说：“应该会吧，毕竟那是自己的家乡。”

面试官听后笑了笑，没有继续再问。过了一会儿，另一个面试官问了一些别的问题，最后对她说：“你回去吧，等我们的消息，一个星期内会回复你。”

陈璐自认为答得不错，还以为这份工作应该没问题。可是在家里等了一个星期后，仍然没有接到电话，她明白这份工作泡汤了。

而她到现在也没有搞清楚，自己到底错在哪里了。

面试官的手里已经有了面试者的简历，像专业、毕业院校、年龄、籍贯等基本信息其实对方早就了如指掌了，如果再花时间来问面试者，是不是多此一举呢？答案当然是否定的。面试官的所有问题都是有深意的，可惜故事中的陈璐没有猜到面试官的真正意图，最后还是掉进了“天真”的陷阱里。

当面试官问“你是哪里人”时，他其实是想说“你的稳定性怎么样？如果天天玩失踪，会给我们公司带来很大损失的”。所以，倘若面试者只是简单地回答“我的家在 ××”，表面看起来很准确，其实却是答非所问。单纯和天真只会降低应聘者的成功机率，因为公司要招聘的是职场精英，是能为公司挣得利益的成熟人士，而不是一个不谙世故的小孩。

在回答这类问题时，面试者要抓住面试官话语背后的玄机，表露自己的稳定性和可靠性，让面试官放心地把工作交接到自己手中。当然，空口无凭，面试者最好能举出一两个例子来说明自己的稳定性，这样才更容易得到对方的信赖。比如谈一下自己在大学时曾经做过哪些兼职，而且无论多么辛苦，都能够把工作坚持到底等等。

其实，面试者的家在不在工作地面试官们并不关心，他们只想知道面试者是不是一个对工作、对公司很负责的人。如果面试者对工作地没有归属感，三天两头换工作甚至擅自离开工作岗位，这样的人公司是不敢轻易招聘的。

遇到类似问题时面试者可以表明，“虽然我的家乡不在这里，但朋友却都在这个城市发展，所以，我的关系很稳定”。或者告诉面试官，自己的梦想就是在这个城市扎根立足，即使家乡的发展机会很多，自己也会坚守在岗位上。对于这样的员工，面试官是很放心的。而且就算他们知道这是谎言，也会因为面试者读懂了他们的暗语而表示赞许。

职场小提示

★当面试官问你的家庭住址、籍贯、年龄、专业等基本信息时，不要单纯地以为对方是在核实信息，他们的问题往往是有深意的，需要你认真思考，抓住重点回答，不要答非所问，否则会被直接 pass 掉。

★在回答“你是哪里人”这样的问题时，要突出自己的稳定性，让对方从心理上打消你“干不长”的顾虑。最好再举一些实际例子，让对方更容易认可你。

★面试时可以适当地说一点“谎话”，比如说自己在这个城市有很多朋友，或者自己对这个城市很向往，以后也会在这个城市里生活等等，这样让对方觉得你是一个靠得住的员工，最起码不会随便玩儿失踪。

★适当地举一些可以证明自己独立的例子，让对方相信你的心理承受能力较强，不会轻易因为情绪问题而影响工作。

15. 你今天的状态似乎不太好

——你工作中也会这样没精打采的吗

在参加面试之前，可能会有人提醒你面试时精神状态要好一点，打起精神来。没精打采是面试大忌，会让面试官给你的最初印象减分。

李凝第二天还有个面试，但是她却忘记了，晚上十一点了还在和朋友们疯玩。等她上床休息时，已经是凌晨了。

第二天被闹钟吵醒，她才记起当天有个面试，忙胡乱收拾了一下，匆匆往面试地点跑。

她赶到的时候面试刚好开始，而她又正好“幸运”地排在第一号。她刚坐下，面试官就笑着问：“今天堵车了？”

李凝尴尬地笑了笑，摇摇头说：“没有。”

面试官将她上下打量了一番，问道：“你昨天很辛苦吗？”

她不好意思说自己差点忘记面试的事情，只好撒谎说：“不，昨天我很早就休息了，不辛苦。”

“可是你的精神状态不是很好啊。”

“没有，我一直是这个样子，可能是妆没有化好。”

面试官又问了几个其他的问题，都很简单，好像在聊天一样。李凝心想，这个面试官真体贴，对我嘘寒问暖的。

几分钟过后，面试官笑着说："好了，面试结束了，你可以离开等我们的通知了。"

李凝高兴地站起来走出面试厅，松了一口气。她一边走一边揉眼睛，因为睡眠不足，她的眼睛到现在还有点睁不开。一想起面试官和颜悦色的样子李凝就高兴，她觉得自己肯定能够进复试。

可出乎意料的是，之后她并没有接到复试通知。

无论哪个面试官都不希望看到来面试的人是一副无精打采的样子，因为这表示他没有为今天的面试好好做准备，很难相信他会在以后的工作中精力充沛。在故事中，面试官的提问表面是在关心李凝，询问她精神状态不好的原因，其实他的本意是想问："你是不是一直这样没精打采的？在工作中也这样没精打采的？"

面试时如果面试官问到你的精神状态，你要灵活应答。如果自己的确没有休息好，那就要为自己找一个合理的借口，比如生病了、晕车了等等，不要让对方感觉到没精打采是你的习惯。如果你当天的精神状态很好，那就可以直接告诉面试官，自己的作息很有规律，基本上不熬夜，工作时也很有激情。对方听后最起码会觉得你的工作效率很高，而且工作态度很积极。

职场小提示

★面试前应注意休息，养足精神，做好各种准备。

★当面试官问到你的精神状态时，如果你精神不佳，应该找个理由解释一下，避免对方认为你工作态度不好。

16. 你为什么选择我们公司

——你是有备而来而非盲投简历吗

大多数人都喜欢听奉承话，面试官们也不能免俗，都希望别人称赞他们的公司。在面试官们看来，每一个员工都应该很喜欢自己所在的公司，都应该为自己是公司的一分子而感到骄傲。所以，在招聘新人时，面试官们很关心面试者为什么会选择这个公司。如果面试者是盲目投递简历后有幸进入面试，那么不要实话实说，否则会让对方觉得面试者没有诚意。

面试官问前来应聘的大学毕业生官玫："你为什么选择我们公司？"

官玫一听，不假思索地笑着说道："其实我也不知道为什么，只是选了几个招聘销售职位的公司投了简历，然后就被贵公司选中了。"

面试官一听，又是一笑，说："原来是这样啊，看来你和我们公司还挺有缘分的。"

官玫也笑道："对啊，这应该就是缘分。"

面试官又思考了一会儿，问："那你以前听说过我们公司吗？"

"没有。我刚毕业，除了几个知名的公司，别的公司都不知道。"

面试官听了皱了一下眉，然后笑着说："哦，今天就这样吧，我们觉得你并不是很适合这个职位，如果有适合你的职位，我们会再通知你。"

官玫一听，好心情顿时就没了。她想，看来这次是没有机会了。她心里有些难过，不清楚自己为什么会出师不利。

面试官之所以问官玫“你为什么选择我们公司”，就是想知道，她是盲目投递简历被选中的还是慕名而来的。如果是盲目地投递简历而被选中，那么面试官们对她的印象就不会太好。

在面试之前，面试者一定要做好准备，而准备中不能缺少的一项，就是认真查找所要面试的公司的信息。无论面试者投递简历的原因是什么，既然被这家公司选中进入面试了，就应该好好地珍惜这次机会，多了解一些这家公司的信息，以免面试时出现一问三不知的情况。

当面试官问“你为什么选择我们公司”时，面试者应该灵活一些，回答这样的问题，基本上有两个步骤，第一步要明确地指出这个公司的卓越之处，第二步是告诉对方，自己有能力胜任这个职位，或者这个公司要招聘的这个岗位很适合你。

如果面试者应聘的是一家大公司，那面对“为什么选择我们公司”这样的问题时，就可以直接说这个公司知名度高、信誉好、有发展前途、重视人才的培养等等。总之，尽量把这个公司的优点都说出来，这样会让对方觉得面试者的确是很看重他们公司，他们也会对面试者有更多认同感。如果面试的是一家小公司，知名度不是很高，或者是名不见经传的小角色，面试者就可以说对方具有特色、很看好这家公司在同行中的竞争力或发展潜力等等，以此来博得对方的好感。

肯定完公司的价值后，面试者还要补充几句有关自己和这个公司的缘分的话。比如自己有能力胜任这个职位，或者很喜欢这个公司的企业文化、工作氛围等。而且尽量举几个具体的例子来证明自己的工作能力，这样更容易给对方留下好印象，被录用的可能性也就更大。

被问及类似问题时，如下几个答案可供面试者参考：

（1）我对贵公司所做的项目比较感兴趣，且这个项目也能用到我的专长。

（2）贵公司发布的职位比较适合我，我的素质和技能在这里可以发挥较大作用。

（3）通过多方面了解，我发现贵公司在同行业中处于一定的地位，我希望能在这个平台上与贵公司一起成长。

总之，在回答此类问题时，建议从行业、企业和所应聘职位三个方向来阐述，说明你若能到这家公司工作，将会实现双方共赢。

职场小提示

★当面试官问道“你为什么选择我们公司”时，如果自己是盲目投简历后被选中的，那尽量不要说实话，否则会让对方觉得很没面子。

★面试之前要收集一些你所要面试的公司的信息，以免当面试官问到有关公司的问题时，一问三不知，遭遇尴尬。

★回答这类问题的套路，首先要肯定这个公司的价值，然后再表明自己能够胜任这个职位，这样才会给对方留下好印象，增加被录用的可能性。

第二章

揣摩上司的心理，离晋升更近一步

人们常说赛场是一个充满竞争、考验智慧的地方。在赛场上，有不少运动员在赢得了比赛的同时还得到了对手的尊重；而有的运动员，不仅表现不好，口碑也很差。其实，职场如赛场，赢得老板赞赏的不一定是多么优秀的员工，很多时候，学会积极努力地顺应环境变化，在与上司的谈话过程中，听懂上司给出的“暗语”并做出恰当的反应，才是成为优秀职场人士的必经之路。

17. 你怎么看这个方案

——我需要你认同我的方案

职场上，上司经常会就某件事情、某项决定或者某个方案征求下属的意见，这样做，一是为了了解下属的想法，二是为了展现自己的民主。其实，当上司在向你征询意见之前，他已经有了自己的想法和看法，很多时候，他只是想让你认同他的想法。所以，虽然有时候上司询问“我想这样做，你认为怎样”、“我这里有一个方案，你看这样执行行不行”等问题，但最终还是会按照自己的主张来：“还是按照我说的来办吧。”

故，面对上司的询问，千万不要随意说出自己的想法；当他最终按照自己的意思行事时，也不要抱怨“既然你都决定了怎么做，怎么还要征求我意见？”不要对上司产生不满，也不要认为上司是一个虚伪、专断的人。

一个优秀的下属，最重要的就是弄清上司的真实想法。

周晓霞是个能干的女孩。她在一家保洁品公司做了三年的销售主管后，跳槽到了另一家更大型的保洁品公司担任市场经理。周晓霞的新老板是一个工作时严肃认真、生活中平易近人的人。周晓霞工作半年多来业绩一直不错，甚至还开拓了一片新的市场，老板对周晓霞很是赏识。

忙碌的工作一直持续到年底。来自全国各地的零售商代表聚集在商贸大厦，举办一年一次的商务会议，主要商讨“保洁品销售渠道”问题。大会上，来自一家大型零售商的代表，针对周晓霞所在公司新研发出来的产品提出意见。他说他们很看好这款新产品，希望公司能多投入一些市场推广费用，在媒体方面加大宣传，以推进市场销售。

周晓霞的老板在一边听完后，静默了几秒钟说：“我很赞同你的意见，不过具体是否要这样做，需要我们内部进一步商讨。”然后，老板转头问坐在一旁的周晓霞：“你认为这样行不行？”

周晓霞并没有过多思考老板的话，更不明白老板想让她表达什么。她想，既然老板说赞同了，那应该就是默许。于是，她按照零售商的意思，将加大媒体宣传投放的好处重新说了一遍。

大家一听周晓霞这样说，都纷纷附和起来。迫于压力，老板不得不承诺，将在下半年拿出160万的广告投放费。

会议刚结束，周晓霞就被老板叫到办公室。一向对她和蔼的老板，这次铁青着脸将她训斥了一个多小时。丈二和尚摸不着头脑的周晓霞终于明白为什么了。原来，老板询问她意思时，已经决定了不给新产品加大广告投放费用，而是用另一种更新颖的方式推广，他期望周晓霞说“加大投入是好事，但也是一件大事，公司内部决定后将把结果公布”之类的话。谁知道，周晓霞不仅没有听明白老板的意思，反而顺着零售商们的意思，让“敌方”占了上风，导致公司被迫投入那么多的钱。可惜，周晓霞明白过来的时候，老板的承诺已经公开做出了，她的失误已来不及挽回。

大会上，周晓霞的老板所谓“赞同”只不过是句客套话，真实他是反对的。他希望周晓霞能听懂自己的“暗语”，替他委婉地拒绝对方的要求。可惜，周晓霞会错了意，不但让老板灰头土脸，公司也支出了计划外的广告投入。

作为老板，其立场当然是为公司争取最大利益。如果当时在会议上，周晓霞能动动脑筋，设身处地地站在老板的角度考虑，就能为下一步的沟通打下基础。比如，周晓霞可以说："针对新产品，是否需要大量投放广告费，我们公司也在商讨之中。因为一个新产品在还没有入市前，谁都不能确切知道它将产生怎样的销售额，如果我们不经论证便盲目投入广告费，可能不仅起不到实际宣传的作用，还会加大各位零售商的销售成本，影响销售计划的实施。"这样一来，周晓霞表面是在肯定对方的想法，但实际上却是一种拒绝，同时还给公司留出了一条后路。老板其实也正是这个意思。

一句语言，它所表达的真实含义除了字面内容之外，还和说话者所处的语境和位置密切相关。相同的一句话，可能由于说话者语境的不同而含义天差地别。作为一名优秀的下属，懂得和理解上司说话的真正意图非常重要，如此才能让上司认同并信任你，乐于助你成长。

为上司的话找出依据和理由，做一个完美的"注解"，让上司轻松地执行自己的决策。这样的员工，上司又怎能不满意呢？

职场小提示

★上司征求你的意见时，你首先要肯定上司的做法，和上司站在同一个立场上；其次要适当地谈一点自己的意见。如果觉得上司的做法有需要完善之处，则要在支持上司的基础上，适当提出自己的建议，而且要注意表述的用词。

★对于新入职的人来说，踏入社会，不仅要学会说的技巧，更重要的是学会听的门道。

18. 你最近的表现很突出

——我不喜欢你总是出风头

职场真正的成功标准是什么？通俗地讲，就是赚钱和升职。如果你被自己的上司夸了十几年，到最后，所有同事都成了你上司，那你就是一个失败者。身在职场，最怕遇到这种口惠而实不至的上司。

每个人都希望得到别人的夸奖，特别是一些刚刚走入职场的人，更希望自己的工作得到上司的认可。如果没人认同，就会觉得灰头土脸；一旦有人夸了你，就马上阳光灿烂，仿佛职场生涯已经成功了。尤其是被上司夸奖时，会觉得很有面子。

可是，随着时代的发展，上司的领导权术也在进步。所以今天，对待上司的夸奖，要从多方面去分析和理解，悟透夸奖的细节和背后深义。即面对上司的夸奖时，要冷静审慎，弄明白是夸还是贬。

李梦从名牌大学毕业后，直接进了一家很不错的公司。入职后，她时刻严格要求自己，年终考核时，她的业务量遥遥领先于同期入职的大学生。上司也经常表扬李梦：“你的个人表现很突出。”李梦对上司的褒奖欣喜不已，工作更加认真努力了，有时甚至为了显示自己的能力，包下了其他人的工作。

六个月之后，李梦的部门主管调到其他部门了，公司要从内部提拔一个新主管。

李梦心想：升职机会终于到了。

可是，她等了很久，都没有等到升职的通知。一天例会时，上司宣布李梦的一位同事升职为部门主管，而这位同事，在李梦看来，能力比自己低很多。

李梦百思不得其解，干脆找到老板询问不让自己升职的原因。

老板很坦诚地对她说："你还记得六个月前，我让你发给客户的邮件吗？其实根本没有什么客户，只是我在考验你。你邮件中对客户的提醒，说得很好，可惜，如果你真的这样发给客户了，我们恐怕以后就没有这个客户了。而如今，新提拔的这个职位，需要一位能和团队合作的人，你过分在乎自己的想法，太注重个人表现，无法胜任这个职位。"

李梦这才意识到，过去老板"称赞"她有着突出的个人表现，其实是暗示她要注意与团队的协调性，而她误以为老板真的在夸奖她，最终导致自己与升职机会失之交臂。

人在职场"漂"，就一定要懂得职场的规则。对待上司的夸奖，不要像故事中李梦一样，过后才明白那其实是变相的"批评"。所以，破解上司的"夸赞"暗语尤为重要。

上司的夸奖，会包含多层意思。比如，他可能会出于减少物质奖励的考虑，多夸了你几句，那其实是暗示：继续努力吧，这次就不发资金了；有时从工作角度多夸了你几句，也许是暗示你该多干点活了；若从批评的角度夸奖你某一方面，很可能是说你在别的方面做得还不好……因此聪明的下属，在上司第一次"赞扬"时，就应该回想一下自己的工作情况，多做一些反思。上司真的是在夸奖自己吗？自己在工作方面还有哪些地方做得不够好？上司夸奖自己时，最好能谦虚一些，征求上司的意见，了解自己还有哪些不足。千万不要沾沾自喜，否则很可能"触雷"而不自知。

喜欢听奉承话是人之常情，上到皇帝下到牙牙学语的小孩，甚至连你家的小宠物也概莫能外。然而，作为下属不能被上司的表扬麻痹。因此，要学会分清上司夸奖的多重含义。通常而言，很多上司在真正诚心诚意表扬下属时，会同时顺带一两句批评或建议；而并非真正夸奖人的上司，则常会用一句便宜的表扬一带而过，很少再提及其他。

职场小提示

★职场上，团队之间需要相互配合才能高效完成工作。如果一个人缺少这方面的意识，是不会受欢迎的。

★有时候上司不会直接批评你。在特定情况下，他会以夸奖你的方式，委婉做出批评。

★受到上司夸奖时，不要沾沾自喜，要经受得住“夸奖”，才能不断进步。

19. 你是一名普通员工

——你的表现让我很失望

现在是一个讲究“秀”实力、张扬个性的社会，尤其是作为一名职场打拼者来说，“与世无争”的态度是工作中的大忌。如果你在职场中一直表现得很一般，那你被淘汰的机会将大大增加。倘若上司对你说“你是一名普通员工”，那就说明他对你的表现不太满意，你在职场上的位置已经岌岌可危了。

某公司今年有很大的人才缺口，于是人力资源部的王部长从人才市场招聘了很多应届毕业生。王部长的意思是，应届生刚从学校毕业，还没有被打磨掉棱角，保留着年轻人的激情和闯劲儿，可以为公司注入新鲜的血液，也可以发挥一下“鲶鱼效应”，刺激一下老员工们的工作积极性。

一段时间下来，这些新人果然表现得不错，王部长十分满意。

被分配到行政部的女孩叫石晓彤，一开始她也和其他新人一样，对第一份工作充满新鲜感，工作很努力。可时间长了，她发现同一个办公室的大姐们都很清闲，上班期间经常拉家常，甚至偷偷溜出去逛街。相比之下，自己的埋头苦干显得很特殊，很不合群。于是她也开始放松对自己的要求，一天天懒散起来。

不久，王部长针对新人们做了一次考核。结果大部分新人都得到了领导和同事们的认可，只有石晓彤表现平平，没有发挥出新人应该带来的“鲶鱼效应”。

王部长本来很看好石晓彤，觉得她神采飞扬、工作积极性很高，这才把她放到懒散的行政部门，希望她能用自己的激情和努力，让行政部门的工作作风为之一变。没想到入职后的石晓彤非但没有激发老员工焕发出工作热情，反倒学到了某些老员工的陋习，成为可有可无的“鸡肋”。

王部长找到石晓彤，语重心长地说：“晓彤啊，怎么说呢，以你目前的表现，也就是一名普通员工。但我相信，以你的能力，应该还有很大的提升空间。”

“普通员工”一词刺痛了石晓彤的心，她明白，这不是什么好评价。她把自己的业绩和其他新人相比，发现自己的确做得不够好。她迅速改掉从老员工身上学到的陋习，找回自己的活力和热情，全身心投入到工作中，果然带动起行政部门的工作积极性来，得到了上级领导的认可。

年底评选时，石晓彤被评为“优秀员工”。

很多职场新人都犯过和石晓彤类似的错误。进入公司后，他们不但没有保持一个新人应有的热情和积极性，反而被懒散的老员工们同化，导致工作能力长时间得不到提升，浑浑噩噩地度日。

当上司说你只是一个“普通员工”时，你要明白，他并不是在夸奖你有中庸精神，而是说你在工作上没有什么突出的表现。对于上司而言，一个普通员工是可有可无的，既然你做不出什么成绩，那么他随时都可能找个新人来替换你。

想要摆脱“普通员工”的身份，就应该尽快找出造成自己没有进步的原因并努力改正，争取在短时间内提高工作能力，让上司看到你的表现，认可你的价值。

提高工作能力的方法有很多，比如向有经验的老前辈请教工作技巧，在实践中提升自己的实力等。此外，平时也要注意给自己补补课，学习一些与本行业相关的知识，或者多了解公司其他部门的情况，顺便学一点基本技能，提高一下自己的综合实力。

被上司认定为“普通员工”后，也不要消沉，而要控制好自己的心理状态，争取早日摘掉“普通员工”的帽子。千万不要心灰意冷，降低对工作的热情，这样只会让上司对你的评价越来越差，最后可能直接炒你鱿鱼。要相信自己经过努力，依然可以成为公司的骨干，一定能甩掉“普通员工”的身份，成为上司眼中不可多得的人才。

职场小提示

★当上司说你是一个“普通员工”时，其实他不是在夸奖你能融入团队，而是在否定你的工作能力。

★想要提高工作能力，就应该迅速找出造成自己进步缓慢的原因，然后在实践中逐渐改正。唯有行动起来，才能提升自己的价值。

★即使暂时被上司扣上“普通员工”的帽子，也不能破罐子破摔、丧失工作的积极性，应该保持饱满的工作热情，取得更大的进步。

20. 你有很强的责任感

——如果工作失误，我会先责问你

当你的上司夸奖你，并对你说“你是一个很有责任心的人”时，他是否真的认为你很“能干”呢？

答案自然是：不一定。

李荣是一家房产公司的销售员，工作一年多以来，她积极努力，经常在外奔波，业绩也相当不错。

李荣的上司是部门的业务总监于经理，今年已经48岁了，对员工要求相当严格，平时话很少，更别说会鼓励赞扬员工了。

不久前，于经理将一批较为难缠的客户交给了李荣，并对她说：“你的责任感很强，这批客户就交给你了，一定要搞定，不要流失了。”李荣很高兴，她想，于经理一向严肃，几乎都没有赞扬过员工，今天居然赞扬了她，还将这么重要的任务交给了她，她一定要好好工作，为公司创造效益。

然而，尽管李荣有着很丰富的工作经验，事情却并非像她想得那么简单。于经理交给她的这批客户，的确是大客户，但极为挑剔，一点细节不满意就会“折腾”半天。

李荣每天跟着他们跑前跑后，一份小小的资料，她都会亲自去办理。

才一个星期，李荣就被搞得筋疲力尽，连自己的客户都没有时间维护了。李荣实在是撑不下去了，就找到了于经理诉苦。

“李荣，我一直觉得你是一个很有责任心的人，怎么连这点小事都办不好呢？”

“我已经尽力了，可是他们真的不好维护。”李荣委屈地回答道。

“是吗？这可是高层很看好的客户，能为公司带来极大利益。”于经理叹着气说。

过了没几天，于经理再次找到李荣，对她说：“这些客户去了另一家公司购房，公司这次损失较大，真没想到你的责任心关键时候却没用了，我对你很失望。”

被批评后的李荣既无奈又委屈，她实在不明白自己哪里做错了。

故事中的李荣并不是一个缺乏责任心的人。她把公司利益牢记在心上，想方设法把上司交待的工作做到最好，甚至忽略了自己的客户，去维护与公司利益关系更大的“难缠”客户。但她并不知道的是，留住这些“难缠”客户，其实是公司高层交给于经理的任务，但于经理知道这是一件“苦差事”，便将其交给了李荣。这样一来，李荣就身负重责，如果工作做好了，功劳是上司于经理的，可要是做差了，受到责骂的就是她了。

从这个故事中可见，作为一个领导，他最在乎什么？当然是权力。员工不威胁到上司的权力，一切都好办。而一旦上司发现自己做了失误的决策，或反悔了当初的决定，他可能不愿承认自己犯了错，有时会将责任推给下属。

正如故事中的于经理，失误的责任他也要想法推掉，但肯定无法推回到公司高层身上，所以直接推给下属李荣。而且，李荣一直以有“责任的人”自诩，正好给了于经理利用的借口。

所以在工作中，有责任感是好事，也是每一个员工必备的品质。但是责任感泛滥，包揽许多本不是自己职责范围内的事，就有点“吃力不讨好”了。如果上级是个通情达理的人还好说，最起码能看到你的辛苦，知道你的付出，可如果碰上一个不负责任的领导，那你过分“负责”的结果就是：做好了功劳归他，做不好责任在你。

所以，负责任也要量力而行，考虑一下自己的职责范围和能力、精力等，不要什么事都往身上揽，否则，有可能累死自己，也办砸了事情，影响了公司效益。

职场小提示

★在任何地方，做任何事情都要有责任心。但有责任心并非是对什么事都负责，而要“尽力而为”且“量力而行”。

★作为下属，当你身负重要责任时，不要轻易做决定，要多向上司请示，才能保证自己在职场中进退得当。

21. 你的沟通能力越来越强了

——最近你在办公室聊天的时间太多了

有人说，“上司暗语”的产生，与汉语言的博大精深有关。相同的一句话在不同的语境、语调下，意义千差万别，甚至是截然相反。也有人说，“上司暗语”的产生，和上司的性格有关，有的上司喜欢直言直语，不喜欢拐弯抹角；有的上司则较为含蓄，给下属留面子，说话如蜻蜓点水，点到为止。那么，下属应该如何猜测上司的“暗语”呢？

作为一名职场新人也好，久经职场的老员工也罢，都需要尽量懂得察言观色。比如，根据当时的环境判断话语含义，根据对自我及上司的了解判断语义。如果某句话听上去显得很奇怪，或者一反常态，那多半是你的上司在和你说“暗语”了。

徐涛是一家广告公司的策划专员，他的工作压力非常大，经常要写一些策划方案。但徐涛有一个特点，工作越是忙碌，他越是喜欢一边工作一边和同事聊天。他说这样不仅能缓解压力，而且工作效率也能提高。

几天前，公司接到了一个很大的招标案子，策划部的所有员工都要参与，各自提出不同的策划方案。大家都积极与客户联系，抛出各种方案参与竞标。徐涛自然也不甘示弱，他绞尽脑汁，花了大约一周的时间去联络客户、撰写方案，期待自己的策划能得到客户认可。不过，只要他在办公室，就会忍不住和同事们聊天。

有一个同事说：“徐涛，你能不能不要说话了？现在大家都在想办法写方案，如果和你说话，思维实在有点混乱啊。”可是徐涛并不在乎，他权当这是玩笑话，还嘻嘻哈哈地说：“可不和你们聊天，我就没有灵感啊！”之后，他依然一边工作一边滔滔不绝，有时候，即便没有人搭理他，他也依然说个不停。就这样，徐涛的工作效率比其他同事高出了很多。同事们虽生气，也无可奈何。

当徐涛把工作任务完成后，交给主管过目时，主管笑了笑说：“徐涛，和别的同事相比，你的沟通能力很强啊。”

听了这样的“夸奖”，徐涛以为上司十分认同自己的方案，因此备受鼓舞。他暗想：看来这次投标肯定用我的方案了！

可谁知真正开始投标时，公司却并未选择徐涛的方案，而是采用了另一个同事牵头的策划案。徐涛的失落感可想而知。他找到了上司，想知道为什么自己的方案落选了。

上司回答道：“小徐啊，你的确是一个很有想法、工作很努力的员工。可是你总是爱在办公室聊天，影响了其他同事的工作效率。有同事给你提过意见，你却丝毫不在意。你这样不顾他人感受，我又怎么能不顾别的同事反对，选用你的方案呢？而且，这次中标后需要策划人牵头执行，你这个样子，我怎么放心让你担责任呢？”

徐涛后悔不已，他只怪自己当初没有管好嘴巴，把同事的劝说当成耳旁风。

故事中的徐涛因为工作压力大，喜欢一边工作一边和同事们说话。这对徐涛是好事，然而却因此影响了别的同事工作。从故事中同事们对徐涛的提醒，可以看出大家并不是很喜欢徐涛在忙碌时，还继续聊天。可是徐涛权当“听不见”，他只考虑到“一边工作一边聊天”对自己有利，却不曾想过别人的感受。徐涛的做法有点像“踩着别人的肩膀往上爬”，这是一种不顾他人感受、对他人不负责任的表现。

当主管用暗示性的语言说“徐涛，和别的同事相比，你的沟通能力很强”时，徐涛并没有意识到上司的背后含义，反而误以为上司是赞扬他工作出色，所以在工作中失利也就是情理之中的事了。

当上司对下属说“暗语”时，大多只有两个意思：一是为了表达对下属的不满；二是为了激励下属更努力地工作。要想知道上司是真的在激励你，还是暗示你需要注意什么，最好的办法，就是在工作中经常反思自己、自我检查。只有经常剖析自己、反省自己的人，才能更好地读懂上司的暗语，从而做出正确的应对。

职场小提示

★在职场上，不要只顾着自己的想法去办事，要学会站在他人角度想问题，这样才能得到他人的理解和帮助。

★工作中，经常反思，提高对自我的认识。比如多问自己如下问题：面对工作中常见的各种问题，你是否能正确认识并处理？工作出现失误，工作完成得不好，是否是因为你能力不足？如果能力足够，那是否是因为你不会处理人际关系，导致工作受到影响？等等。

22. 你的社交生活很丰富

——我不想你因此而影响工作

在这样一个充满机遇和挑战，同时也充斥着竞争的年代，每个人都在忙碌着。从职场到生活，大家的节奏越来越快，适应能力也在加强。一个优秀的员工，应该知道如何把握社会活动与工作时间的平衡，合理安排时间，做到工作、生活两不误。

毛伊莉的同事喜欢亲切地喊她“毛毛”。毛毛是一个工作努力、生活积极的女孩，她很喜欢社交生活，总是很忙碌。除了在公司的每天八小时工作外，她另找了两份兼职：一份是晚上在演艺公司做兼职模特，一份是周末在英语学校兼任口语老师。

然而，人毕竟不是机器。三份工作，让毛毛一天只能睡五个小时，周末还要花时间备课、上课。所以，她经常会在白天的工作中打瞌睡，要不就是上班迟到，工作效率也不高。同事们都劝毛毛放弃其中一份工作，学会休息和放松。可是毛毛却笑着说：“没关系，我每天都要忙到停不下来，才能鞭策自己为了美好生活而更加努力。而且通过做兼职，我还认识了好多朋友呢。”说过多次后，毛毛依然故我，同事们也就不再说了。

毛毛的上司也看到了她的不良状态，他当然不会像其他同事们一样，说几句就算了。这天下班后，他找到毛毛谈话。

“小毛，最近工作如何？”

“非常好，我很热爱这份工作。”毛毛回答得非常快，一心想着抓紧时间离开。因为在两小时后，她还要赶往另一个工作地点。

“你是一个很热情的人，也有着多彩的社交生活，不过最近的你看上去很疲惫。”上司淡淡地说。

“老板您放心吧，我的身体可好了。晚上只要休息一下，就会没事。”毛毛快速地回答。她想不通为什么上司会在下班的时候关心她，以前他可从不会这样做。毛毛看了看表，已经过了十分钟了，她有些着急，怕赶不上去下一个工作地点的班车。

“工作也要抓紧时间，保证效率，另外别总迟到。你走吧。”上司话音刚落，毛毛就一边答应着一边跑远了。

望着匆匆离去的毛毛，上司摇了摇头。

第二天，毛毛再次迟到了，等她来到公司的时候，发现打卡机上已经没有自己的名字了，同事们也都避开她的目光。过了一会儿，上司将她喊到办公室。

“收拾收拾办公用品，到财务处把工资领了，你回去吧。”上司直奔主题说道。

“可是，您能告诉我为什么吗？”毛毛百思不得其解。

“你的社会生活太丰富多彩了，我不希望因此影响到了我这边的工作。然而，你不仅影响了工作，甚至已经没有耐心和我交流了。”上司平静地说道。

回想起昨天下班后的对话，毛毛这才恍然大悟。

勤奋的工作，不断创造业绩是赢得荣誉的前提。不论你在哪里，在什么工作岗位上，要想获得上司的赞赏、肯定和支持，就一定要勤奋工作。

故事中的主人公毛毛并没有偷懒。她的确是个积极向上的女孩，三份工作她都付出了热忱认真去做。可惜，她没有办法保证把三份工作都做好，因此她“在白天的工作中常常迟到，打瞌睡”。相信毛毛在其他两份兼职工作中的效率也高不到哪里去。如果毛毛能学会平衡工作和休息时间，听懂同事和上司的“暗语”，相信她也不会失去工作。

下面，我们分析一下同事和上司对毛毛的几次“暗语”提示。

首先，毛毛的同事看到她的状态后，提醒她放弃其中一份工作，学会休息和放松。可见，同事们已经看出了毛毛因为身兼数职，在本职工作中影响了效率。大家担心毛毛长期如此，会让上司不满意，因此友好地提醒她。可是毛毛却误以为同事们只是在关心她的身体健康，所以对同事们的话置若罔闻。

其次，当上司找到毛毛谈话的时候，说明她的问题已经比较严重了。没有哪个上司喜欢下属天天迟到、工作时精神不振。连工作都做不好的员工，公司留下她有何用呢？上司从善意提醒到最后开除毛毛，这个过程中也给了她很多机会，只可惜，毛毛并没有读懂这些“暗语”。

第三，上司在谈话中，第一次询问毛毛“小毛，最近工作如何”时，其目的是让毛毛主动反思最近的工作，做一下自我批评并表一下决心。可是毛毛连想都没有想就说自己很热爱工作，因为她满脑子都是“再不赶去下一份工作，就会迟到”的事情，顾不得思考其他。而毛毛的回答，显然让上司觉得是在机械地敷衍。他接着又说：“你是一个很热情的人，也有着多彩的社交生活。不过最近的你看上去很疲惫。”上司在明知道毛毛马上要开始下一份工作的情况下，依然没有让毛毛离开，就说明上司对毛毛的行为更加不满了。他的话其实是再次暗示毛毛“社会生活过于丰富”已经影响了现在的工作。可是毛毛因为心不在焉，依然没弄懂上司的含义。这时候上司知道，说什么都是白搭，这个下属的心早就没在这儿了。于是他很失望地说：“你走吧。”如果此时的毛毛能翻然醒悟，上司也必会再给她一次机会。可她却飞快地跑了，让本来就失望透顶的上司对她彻底失去信心。这样一个不懂得反思、连与上司说话都三心二意的下属，怎么让上司重用，怎么让上司指挥呢？

这样一分析，毛毛失去工作也就在情理之中了。

在职场中，一个人事业是否成功，很大一部分取决于其上司。读懂了上司的暗语，并按照上司的意思去做，上司很可能助你一臂之力，成为你晋升的“天梯”；读不懂上司的暗语，甚至与上司“打擂台”，也只能让上司对你视若无睹，更严重时，上司会成为你最大的“拦路虎”。

职场小提示

★学会合理分配时间，无论做什么，都不要影响本职工作，不要影响团队的发展。

★除了要有很好的的工作能力以外，还必须妥善处理与上司的关系。上司欣赏你、信赖你，或者猜疑你、厌恶你，在很大程度上取决于你如何对待上司。因此，要想在事业上有所发展，就必须以积极、良好的心态和上司相处。

23. 你是个追求完美的人

——其实我真受够了你的拖延症

可以说，拖延是一种病态的悠闲。习惯拖延的人，不仅无法解决当前问题，问题累积多了后，还会感到烦闷，不愿意面对，甚至情绪低落，对任何事情都失去兴趣。而在职场上，几乎所有的员工在工作中都或多或少地出现过拖延。拖延的表现形式也多种多样。如被琐事缠身，没法集中注意力，工作不主动，需要上司逼迫着向前走，没有时间概念，对截止日期不敏感等。

拖延决不能让问题消失，更不能解决问题，一再拖延只能导致问题更加严重。这就像是在滚雪球，越滚越大，最终解决起来也会越来越困难。更重要的是，除了你自己，没有任何人会为你的拖延承担责任。

自从开通了微博后，安洋就成了“微博控”。每天到公司的第一件事，就是打开电脑登陆微博，然后不停地刷新。

部门经理发现几次后，对安洋进行了警告，可他却阳奉阴违。不能用电脑刷微博，他就用手机刷。如此一来，安洋的工作效率也越来越低，就连同事艾米也看不下去了，提醒道：“安洋，你再这样，对工作有百害而无一利。”

可是安洋依然故我。过于频繁地刷微博，耗费了他很多时间，工作也总是不到最后一刻不完成。

一天上午，部门经理让安洋针对公司的新产品做一个宣传方案，并告诉他这个方案要参加竞标，非常重要，当天就要写完方案的草稿，然后直接发到老板邮箱。

安洋整个上午都努力工作，可到下午时，他想：我就刷几分钟微博，然后再写宣传方案。结果，他一开始刷就收不住手了。很快就到了下班时间，他的宣传方案还有一大半没有完成。

“都怪自己，这么没有毅力，哎，加班吧。”安洋一边责怪自己一边想。这时，部门经理走了过来：“安洋，还没下班？”

“嗯，方案我再完善一下。”安洋有些心慌地说。

“哦？完成得如何了，我看看。”部门经理说着就走了过来。安洋脑子里一片空白，心想，完了。

果然，部门经理一看安洋的企划方案，就说：“你是个追求完美的人，一整天了，才写了这么一点，你是在‘深思熟虑’吧？”

“我加班完成吧。”安洋小声回答。

“加班？晚上的微博更精彩，你保证加班就能完成吗？”听部门经理这样说，安洋恨不得挖个地缝躲进去。

“晚上九点之前必须发到我邮箱，我先过目。”部门经理严厉地说道。

这天晚上，安洋不断地将宣传方案发给部门经理，又不断被退回来修改，直到凌晨才完成工作。他叹了口气说：“拖延的坏习惯真害死人。”

你知道吗？这个世界上最“心急”的人就是你的上司。为了生存，他们恨不得把每一分钟掰成八瓣用。如果让你的上司花时间等你完成工作，比浪费金钱还让他心痛，这个世界上，没有哪个上司能长期容忍习惯拖延的员工。

故事中的安洋，他身边的同事也好，部门经理也好，都善意提醒过他不要因刷微博而延误工作，可他已经习惯了拖延，没有把这些话听进去。当部门经理用讽刺的语气说出“你是个追求完美的人”时，惭愧的安洋才真的明白自己错了。没错，部门经理并不是真的赞扬安洋，而是暗示他无论做什么事都总是拖延，今天又拖延了，让部门经理感到很失望。因此，他对安详降低了期待和要求，不再让他写完宣传方案后直接发老板的邮箱，而是先发给他检查，通过不断检查不断修改，来逼迫安洋抓紧时间。

喜欢拖延的人往往意志薄弱。就像故事中的安洋，尽管每次因为刷微博导致工作拖延，他都懊悔不已，但却一次次地继续拖延而无力改变。拖延就是这样不知不觉中侵蚀人的意志和心灵。处于拖延状态的人，也等于陷入了“拖延——低效能 + 情绪困扰——拖延”的恶性循环中。

习惯拖延的人一旦开始拖延，就会“上瘾”，次数多了以后，就很容易视这种恶习为平常之事，完全漠视它给工作带来的危害。

在竞争激烈的公司里，要想立于不败之地，就必须奉行“今日事今日毕”的工作理念。一个总能在“今天”完成工作的员工，永远都有成功的机会。如同比尔·盖茨说过：“过去，只有适者能够生存；今天，只有最快处理完事务的人能够生存。”

职场小提示

★作为一名优秀员工，任何时候都不要擅自推后工作截止日期。你必须明白，最理想的工作完成日期是昨天。

★若上司给你的工作期限比较苛刻，不要抱怨，将其当作对自己能力的锻炼。人应该保持适度紧张，这是一种积极的精神状态。

★如果你希望自己拖延了时间、耽误了工作，还能瞒过公司，那就太天真了。虚度工作时的光阴从表面上看是在伤害你的上司，但最终吃亏的人还是你。

24. 你思维太敏捷了

——你总能为自己的错误找到合适的借口

每当要付出劳动，或要作出抉择时，有些人常常习惯找一些借口来安慰自己，好像有了借口就会让自己放松下来。我们常说，找借口其实就是对自身惰性的纵容。找借口是这个世界上最容易办到的事情之一，如果你存心拖延逃避，总是能找出理由。把“事情太困难”、“太花时间”等理由合理化，要比相信“只要我更努力就能完成任何事情”的念头容易得多。

然而，当你因为种种借口而招致上司的愤怒时；当你因为自己不努力工作，而在上司面前编出种种理由时；当你在私底下抱怨自己的上司苛刻、不讲道理时，你是否站在上司的角度仔细考虑过呢？你是否想过，假如你是上司，给员工布置了一项任务，员工不仅没有按时完成，反而为自己找出一大堆“华丽”的借口，你又会怎么想呢？

彭慧大学毕业后进入一家外贸公司。由于不太喜欢被约束，所以她不断犯错。

工作无法按时完成时，彭慧就对经理说：“我刚到公司，业务还不是很熟练。”上班迟到时，彭慧就对经理说：“我家住得太远，坐车不太方便。”搬家后，彭慧依然迟到，她又对经理说：“我住的那条路太堵，其实我出门很早的。”

一次，经理要求彭慧完成一项调查工作。但两天后，彭慧的调查表上还没有出现相关的数据，于是，经理再次找到了她。

“两天时间了，为什么调查表还没有填好？”

“这份调查表，针对的人群太特殊了，数据不好拿到。” 彭慧赶紧解释道。

“以前也有人做过这样的调查，人家一天就可以完成，你这都两天了。”经理生气地说。

“我对业务还不熟……” 彭慧再次找出理由。

“你的思维太敏捷了！别再为自己找借口了好吗？你都来了多久了，依然是业务不熟吗？你要多久才能熟悉业务？一年吗？你工作完成得不好，不是因为种种客观不利条件，而是因为你没有用心，也不善于总结方法。”经理大声喊道。

经理的话给了彭慧极大的震动。从此以后，她再也不为自己找借口了，而是努力从自身找原因，遇到难题想方设法去解决。渐渐地，彭慧在工作中犯的错误越来越少。到了年底，彭慧获得了“优秀员工”的称号，得到了公司经理的认可。

在职场中，我们常常听到各种各样的借口。这些借口好似“理智的声音”、“合乎情理的解释”，但对工作提升却毫无用处。诸如：上班迟到，因为“路上堵车”；工作无法完成，因为“难度太大”；业务无法拓展，因为“地区不好”；工作做砸，因为“别人配合不好”等等。诸多借口，只要真想找，便无处不在。借口成了敷衍他人、推卸责任、原谅自己的“挡箭牌”。

工作中，处处找借口是一种逃避责任的表现。就像故事中一开始的彭慧，不管什么原因的错误，她总是第一时间想到找借口。困难处处存在，但这不能成为我们做不好工作的理由。试想一下，当你在为自己的过错寻找借口时，你是否能坚定地说，自己真的已经尽力了呢？你当初是否下定决心克服一切不利条件而坚持到底了呢？如果不是，那么请先反省一下自己。要知道，找借口不仅没有任何意义，反而会使你离成功越来越远。

在职场上，上司最不喜欢的人就是不找方法只找借口的员工。因此，无论你从事什么样的工作，首先要端正态度，认真负责，无论做什么都尽心尽力。其次，如果做错了，就要勇敢承担责任，而不要千方百计为自己开脱。

职场小提示

★在工作中，要学会为成功找方法，而不是为失败找借口。公司录用你，是为了解决问题，而不是解释困难。

★职场上，即使你面临各种困难，仍然要学会用积极的态度去应对。记住，职责就是一切行动的准则。

★工作中要努力挑战困难，而不能不停地找借口。前者为你带来成功，后者拖你走向失败。

25. 你的领导能力很强啊

——但我不希望你表现得比我还强

现在职场中很多人唯恐别人不知道自己有多能干，想方设法地让别人关注自己。他们喜欢张扬个性，总习惯性将自己当成“上司”，“超越”上司出尽风头，好像只有这样才能表明自己有多么与众不同。但俗话说“枪打出头鸟”，在职场上，过于张扬并非一件好事。也许刚开始，别人会对你刮目相看，但在“漫漫职场路”上，你不可能出一辈子的风头，不懂得适当收敛，最后黔驴技穷，倒霉的还是自己。

冯姗姗在一家公司担任财务主管。说她是主管，其实财务部总共也就两个人，另一个是刚毕业的实习大学生，名叫李良。所以整个部门，比较重要的工作都是冯姗姗独自“掌管”。

每次在开会的时候，上司都会询问冯姗姗，如何看待目前的财务工作。冯姗姗每次都劈里啪啦跟爆豆子一样说很多看法，好像自己决定着公司的命脉，有时甚至还对经理说：“我觉得你就是这么想的。”除此之外，冯珊珊还特别勤快，每当上司视察工作时，她就总是一副很忙碌的样子，还把李良的工作都揽到自己身上了。

由于冯珊珊的风头太过，就连同事们都觉得她太不懂事了。他们暗示冯姗姗别太扎眼了，也别老用上司的口吻发表言论。可是冯珊珊依然我行我素。渐渐的，她的上司也察觉到她喜欢出风头了。

“小冯，最近工作怎样啊？”上司问道。

“很好……我带着李良，一起努力！”冯珊珊笑着说道。

“恩，你的领导能力不错，很强啊。”上司冷笑着说道。

“领导您过奖了，我还差得远啊。” 冯珊珊嘴上这么说，心里可是乐开了花。

那次谈话后，冯珊珊更是什么事都冲在最前头，可是，无论是同事还是领导，都再没给过她好脸色，她就这样被彻底孤立起来了。

在职场中，如果一个人不喜欢你，也许是因为对方做得不好。可如果所有人都不喜欢你，那问题就出在你自己身上了。就像故事中的冯姗姗，她工作明明很努力，到最后为什么不但得不到上司和同事们的肯定，反而被大家冷落呢？

首先，冯珊珊的上司对她很不满意。他找到冯珊珊时说“你的领导能力很强啊”，听起来像夸奖，但其实是在提醒她的某些行为、言论已经越级。可是冯珊珊一心将自己当成部门的“发言人”，在潜意识中甚至希望获得更进一步晋升，所以将自己扮演的角色完全弄错了。因此，她听不懂上司的“暗语”，反而认为这是一种认可。

其次，冯珊珊在职场中锋芒毕露，完全没有考虑到另一个同事——还在实习期的李良。她把风头出尽，让李良一点儿展现自我的机会都没有，这其实是一种自私和没有合作精神的体现。由此不难猜到冯姗姗平时必然不注意体谅周围的同事，最后遭到所有人的排挤也就不奇怪了。

与锋芒毕露相比，沉默是金显得更加难能可贵。凡自以为聪明的人，在职场中的发展往往都不会很好。职场上人才济济，保持适当的沉默，也是一种蓄积力量的过程。不要将自己所有的才能都摆在台面上让别人一览无余，适当地收敛才能获得更好的人缘和更多的工作成就。不要像案例中的冯珊珊，自作聪明展现自己，后果就是丢失了人缘和进一步发展的工作机会。

另外，在职场中，别人看到的往往不只是你的成就，还包括了你的缺陷。也许你一时风头无二，但稍微不注意，一个缺陷就很可能毁掉你所有的努力。不要认为只要做出了成绩，就万无一失了。不顾及别人想法，不计后果的做法，只会让你的职场道路越走越窄，到最后无路可走。

职场小提示

★职场中，做人做事不应该太过高调，要懂得适时地隐藏自己的锋芒。

★太过张扬的下属，会让上司感到威胁。一个真正有能力的聪明下属，懂得积极配合自己的上司完成工作，而不是代替上司去工作。

★对待上司的表扬，要冷静一些，多反思一下自己，以防把上司的讽刺误认为表扬。

26. 你下班后有事吗

——我只是想告诉你“今天要加班”

职场中，加班可以分为两种不同的情况：

一种是业务量太大，正常时间内无法完成预定进度，不得已下班之后还要继续留下来赶工。这种超时工作累归累，总还算还是有所为而忙，大抵说来尚可接受。

另一种是恶性加班，部门内同事之间相互比较，或为了提升业务水平，或为了讨好主管，无论有事没事一律加班。明明过了下班时间，还是不肯离开工作岗位，让加班成为约定成俗的习惯。这种“加班竞赛”不仅扭曲了工作的意义，更是造成了不必要的人力浪费。

当然，最常发生在我们身边的，还是第一种情况。

被迫加班，已经成了职场白领心中的痛。

希希是一家公司的新职员。由于公司正为上市做准备，所以全体员工都忙得不亦乐乎。

一天快下班的时候，希希的老板问希希：“你下班后没什么事吧？”

想到家人还在等她，希希真想说有事。可是，自己又是刚入职没多久的新人，直接拒绝老板不太好。希希很矛盾。

“没关系，你要是忙就去吧。只是你也知道，公司准备上市，如果你能加班最好。”老板若无其事地说。话都说到这份上了，希希只好说：“没事，我加班。”

从那天开始，希希就走上了加班的“不归路”。她感到身心俱瘦，但又无可奈何。更让她闹心的是，希希的老公和孩子都嫌她下班晚，要她辞职。在家庭和诱人的薪水之间，希希每天都在煎熬着。

虽然大家都常说，“上班的时间是公司的，下班以后的时间是我自己的，别人不能干涉”，可是，就像希希这样，本来已经下了班，可老板却问“下班后有没有事”，面对这样的情景，大多数人只好贡献出下班后的休闲时间，继续为公司“卖命”。

假如你也被老板状似无意地问到了类似问题，作为一位员工，我们大多只能选择加班。不过，我们可以通过换个角度来调整心态，让自己好过一些。比如，告诉自己加班是为了更好地提升业绩，有助于积累工作经验等，以此降低加班时的抵触情绪。当然如果因为长期加班而影响了自己的生活，或者是身体健康受损，那就另当别论。

小海于今年3月底，到一家公司上班。虽然合同书上写着上班时间为朝九晚五，可小海和她的同事们经常都是朝九晚七。虽然加班时有丰厚的补助，公司还允许加班的员工第二天稍微晚来一些时间，然而，小海依然感觉很不舒服。最让小海生气的是，4月份连着两个周六，她都被老板电话叫回去加班，很多个人计划都被打乱了。她非常想有八小时以外的私人时间。

后来，小海无意间得知自己的一个朋友，曾经连续加班两个月，且没有任何加班补助。和朋友相比，自己的加班算是“待遇优厚”了。小海问朋友：“是什么让你一直坚持到底的？”朋友说：“只有比别人付出更多，才能比别人做得更好。”一句话让小海心中亮堂了，从此，她再也不抵触某段时间的持续加班。

如果加班只是短期行为，最好将加班看作是一件好事——是自己分内的事。工作做多了，你的效率自然就会提高，加班的次数也会逐步减少。另外，在加班过程中，如果是上司安排分外的事让你做，则可能是公司要重用你的征兆，说明你是棵需要重点培养的好“苗子”，他可能在对你进行一种多岗位能力的锻炼。

其实加班不仅仅是为了上司、为了公司，更是一种对自我的锻炼。所谓“多一份付出就多一分收获”，尤其是对刚加入职场的新人，更应该把加班当作一种额外的锻炼，不能一味抵触。

职场小提示

★一旦被临时通知加班，很多人都会有失落感，产生抵触心理。无论怎样，都不要斤斤计较，既然无法改变，不如将加班理解成锻炼的机会，如此才能以积极心态来工作。

★要记住，其实每个公司都会有加班，只不过加班多少不同而已。

27. 你最近在忙什么

——把你的工作报告交给我

在职场中，上司都希望自己安排的工作，下属能及时准确地完成，并汇报给自己。上司最不愿见到的就是安排下去的工作，犹如断线的风筝一般音信全无。

关于向上司汇报工作，《哈佛学不到》的作者马克·麦考梅克说："谁经常向我汇报工作，谁就在努力工作。相反，谁经常不汇报工作，谁就没有努力工作。这也许不公正，但是你说老板又能根据什么别的情况来判断你是否在努力工作呢？"关于汇报工作的问题，江口克彦曾在《我在松下三十年——上司的哲学下属的哲学》一书中专门谈到过。江口克彦曾追随松下幸之助 30 年。他认为，对上司而言，最让人担心的就是无法掌握各项工作的进度。如果一个下属不懂得及时反馈，上司以后都不会再把重要工作交给他了。

因此，在老板的心目中，只有那些认真高效地完成工作，并懂得向老板汇报的员工，才是最优秀的员工。

苏沐和夏于洋是大学同学，同时也是很好的哥们儿。大学毕业后，两个人同时进了一家公司。这两个人的专业基础都很扎实，工作也很勤奋，业绩也都很好。同事们都说，两个人在工作上是同样优秀的潜在人才。

二人尽管专业和对待工作的态度都很相似，但在做事风格上却截然不同。

苏沐属于“默默奉献型”员工，无论自己在工作中多么努力，做出了多么大的成绩，他都不会告诉老板。苏沐总是认为，只要默默努力工作，老板就一定会看到。

一天，老板路过苏沐的办公室，看到他正在整理文件，于是顺便问道：“小苏，最近都在忙什么呢？”

“上次您要求我将客户资料重新整理一遍，选出重点客户和潜在客户，我已经完成了。”

“哦？那你完成后怎么不拿给我看呢？”老板面无表情地问。

“我想，您没问可能暂时不着急要。还有，公司想要投资的新项目，我这边已经申请到了拨款。” 苏沐一边想一边说。

“哦？你已经申请拨款了？什么时候的事啊？”老板诧异了。

“上周您说想多申请点拨款的时候。”

“你申请之前怎么不和我打声招呼呢？一会儿把拨款申请资料送到我办公室来。”老板说完就走了。他边走边感叹，这员工的确很厉害，一般人申请不到的拨款，他这么快就搞定了，但同时他又不懂得及时汇报工作，真让人生气。

然而，夏于洋就很不一样了。他知道，在一个竞争激烈的大公司里，到处都是闪闪发光的 牛人”，如果不及时向老板汇报工作，那么，老板很可能根本注意不到你。

因此，夏于洋总是定期将工作内容汇报给老板。例如，每次出差回来后，他的第一件事就是汇报工作。在工作中遇到了特殊情况，他自己又无法解决，也会立马请示老板，征求老板的意见和想法，然后再做决定。因此，老板对夏于洋很放心，经常会将一些重要项目交给他来完成。渐渐地，夏于洋掌握了很多资源，不仅取得了很好的业绩，也建立了很好的人脉关系。

三年后，在公司的晋升考评中，夏于洋成为了项目总监，而苏沐依然在刚进公司时的职位上，默默埋头苦干。

不汇报工作，通常有两种原因：一是不敢，二是不愿。很多员工因为工作能力差，落下一大堆自己无法解决的问题，所以不敢向上司汇报工作；除非上司催促，不然他们就只字不提。也有的员工，虽然工作能力很强，却只知道埋头干活，不喜欢或者不善于向上司汇报工作，就像故事中的苏沐。

当上司询问“你最近都在忙什么”时，他真正想了解的其实不是你忙了什么，而是你忙完之后，得到了怎样的结果，为什么没有向他汇报。然而，故事中的苏沐，由于平时就不善于向老板汇报，所以在回答中显得冒冒失失，不断给老板制造“惊喜”，导致老板在他的整个汇报过程中毫无头绪，不断发出“我怎么不知道”、“你什么时候完成的”等疑问。尽管苏沐是个积极勤奋的好员工，工作成果也非常“喜人”，然而他的“擅自勤奋”却让老板很不放心。而一个让老板不放心的下属，其职业之“路”也就基本只能维持原样了。

而故事中的夏于洋，则深知汇报工作的重要性：一是显得自己能摆正位置，知道尊重上司，二是可以让上司及时了解自己做了些什么，取得了怎样的成就等。因此，上司从来不需要亲自问夏于洋“最近都在忙什么呢？”而夏于洋依靠工作汇报，不但提高了自己在上司面前的“能见度”和“曝光率”，也让上司深信他的能力，放心将工作交付给他，所以他最终被顺利提拔到管理岗位。

从另一个角度讲，如果下属不懂得及时向上司反馈工作信息，那上司就无法及时准确地了解工作进度。时间长了，还可能会严重影响上司决策，危害企业和其他员工的利益。

不过，汇报工作也是有技巧的。汇报工作，不是陈述工作过程，而是阐释工作结果。因为上司很忙，你应该帮他节约时间。而且直入主题的汇极才不会让上司认为你是个啰唆、做事拖拉的人。

及时、漂亮的汇报，会让老板对你“另眼相看”。一个人不会做就没有什么可说，而不会说则没人知道你会做。

职场小提示

★每天或定期向上司汇报自己的工作和感悟。积极主动代表着良好的工作心态和意识，积极主动的人更容易被关注和重视。

★面对以下三种情况时，要向上司及时汇报：一是完成工作时，二是确定工作进度时，三是当预感到工作会出现拖延或其他问题时。

★汇报时，给上司做“选择题”和“判断题”，而不要让他做“填空题”。因为，上司需要你告诉他怎么办，而并非每个上司都会告诉你如何处理问题。

28. 这件事情你确定了吗

——请给我一个满意的答案

做下属的，大脑一定要转得快，才能跟得上上司的思维。在回答上司的问题时，不要不假思考地张口就来，而要想想是否可以更完善一些、让上司更满意一些。有一句话说得好：下属汇报的东西永远少于上司期望听到的东西。所以下属在回答上司提问时应多考虑一会儿，看是否有什么可以补充的。

王路是一家商贸公司市场部的员工。接近年底，公司的营销中心为了赶上最后一轮“促销大战”，安排市场部全体员工加班。

第二天一大早，张总监就赶到了市场部。王路一看到张总监，就将自己拟定的计划方案递交给他。没想到张总监连看都没看，就问：“你已经确定了吗？”

“嗯……我确定。” 王路的回答有些犹疑。

“我们不排除这次促销大战会出现什么意外，你是否考虑做一些相关准备呢？”张总监问道。

“嗯……那我再回去仔细考虑一下。”

说完，王路就拿着计划方案回到了办公室。

三天后，王路认为方案已经修改得很完美了，于是再一次将方案递交给了张总监。

这一次，张总监虽然看了计划方案，不过他只匆匆翻了几页后，就问道：“这就是你所能拟定的最佳方案吗？你已经确定了吗？”

王路有些不知所措了，他不明白上司为什么一直问他是否确定。如果他的回答是肯定的，那万一出了什么问题，方案中又没有提到相对应的解决办法，怎么办呢？于是，他只好喃喃地说：“我想，可能还有一两点能再改进一下，或者再增加一些说明……”

“嗯，那你去修改吧。”张总监将计划书退还给王路。

这次，王路开始了夜以继日的工作。他认真对比公司以往参加“促销大战”的计划方案，仔细观看了以往“促销大战”的视频……有时候太晚了，他就睡在办公室。四天之后，计划方案终于完成了。他激动地迈着大步走进了张总监的办公室，又一次将计划书递交给了他。

当王路听到那个熟悉的问题“你已经确定了吗？这的确是你所能拟订的最好的计划吗”时，王路迫不及待地说：“是的，张总监！我已经确定了！”

“很好。”张总监的脸上终于露出了一丝微笑，“这份计划方案，我会好好看的。”

后来，公司在“促销大战”中打了漂亮的一仗，不仅扩大了影响力，同时也赢得了一批颇有实力的客户。而张总监对王路这份计划方案也给予了很高的评价，称它是“史上最专业方案”。

我们常说，在职场上，“推你下水”的上司虽然带给了你许多压力，但也正是这份压力激发了你的全部潜能，让你知道自己原来可以这么棒。就像故事中的张总监，他期望获得万无一失的计划方案，一次次地发问并非是刻意刁难王路，而是因为他也需要对他的上司负责。

其实，要说什么才是“万无一失的计划方案”，张总监自己也不清楚。上司对下属无法放心、无法信任是情理之中的，所以故事中的张总监才反复暗示：“你确定吗？如果有意外怎么办？”“你确定吗？这是你能拟定的最好方案吗？”每一次当他问出“你确定吗”时，并不是想让王路马上做出肯定或否定的回答，而是想“逼迫”他再次思考、反复斟酌，让他“做一个更专业的方案”。这种要求并不是靠巧合与随机应变就可以达到的，而是需要反复揣摩、修订和努力。

作为下属，应该理解上司认为“下属汇报的东西永远少于自己期望听到的东西”的本质。当你的上司对你说“你已经确定了吗”时，你就需要好好想想自己的方案，是否真的已经完善。如果没有，那就继续修改、改进。要让上司感觉，你所做的一切都是在朝有业绩的方向努力，而你，也会一步步做得更好，从而越来越专业。

职场小提示

★如果上司问你话，一定要有问必答，且答的内容比问的内容多，让上司放心。答非所问或者答的比问的少，会让上司忧虑，这不是一个优秀员工应有的做法。

★对于上司的问题，你首先要弄清他的真正意图。确定提问的内容是回答的关键。有时候，反问就是一种回答，可表明你认真倾听的态度。

★回答要简单明了：一是多用短句；二是先说结论再说原因。

29. 你为人处事很随和

——如果我开除你，你一定没有意见

如果别人夸你随和，你会怎样想？很多人会认为：“嗯，一定是我性格好，处事有方，他们才这样说的。”没错，我 50% 赞同你的观点，那另外 50% 反对的原因哪里？看看下面的事例，你就明白了。

李浩是一家商贸公司的办公室主任，已经工作四年了。他平时挺勤快，办事能力也不错，虽然不是公司里出类拔萃的人物，但也没在工作上出过什么乱子，总的来说是个比较尽职的中层管理者。

最近，李浩公司的业绩很不好。据确切消息说，公司要进行大规模的裁员，以节省一定的开支。这个消息在企业内部传开后，搞得人心惶惶。

虽然这次裁员的范围里也有中层领导，但李浩并不是特别担心自己。“我又没犯过什么大错，和领导、同事的关系也很好，应该不会这么倒霉吧！”李浩常常这样宽慰自己。

月底，副总找一些员工和主管谈话，李浩也是其中之一。

当李浩坐到副总办公室的椅子上时，发现副总今天格外“慈祥”。副总先是跟李浩寒暄一番，然后便开始夸赞起他来。

“小李啊，你来公司有四年了吧……我一直都觉得你为人挺随和的……嗯，最近公司的情况你也知道，不是很理想……”在李浩看来，副总似乎在东拉西扯，不过他夸赞自己随和，还是很让他开心的。

可一个月以后，李浩就再也开心不起来了。因为公司的第一批裁员名单出来了，李浩的名字赫然在列！

李浩呆住了，他想："怎么会这样呢？一点没有征兆啊！"他突然回想起副总的那句"你为人挺随和的"，这才明白，原来这句话已经暗示了他被裁掉的命运。

很多时候，我们都将"随和"当成是一个褒义词来使用。可是，若你的上司"夸赞"你"随和"，则可能蕴含了其他意思。随和是说一个人脾气好、好说话，即使受了点委屈也不抱怨。在职场中，很多上司都比较喜欢"随和"的员工。公司平稳发展时，一旦有费力不讨好的工作，大都会交给他们；公司遇到危机需要裁员时，也经常把他们当作首要人选，因为他们已习惯了不争不抢、顺其自然，所以不会给上司找麻烦。正如上面的例子中的李浩，在公司经营情况较好时，他还是很受上司重视的，这样的人算得上是公司发展的"润滑剂"，但是，当公司处于生死存亡的关头时，性格随和的他就是首先被"开刀"的对象。

在如今的职场中，"反话正说"已经成为一种潜规则被越来越多的人所熟知了。不懂这种规则的人只能成为"菜鸟"，被精明能干的同事超越。当上司说"你为人很随和"时要注意体会他的话外音。当然，这句话在不同的场合说会有不同的意思。如果你们是在一个并不怎么正式的场合里交谈，大家畅所欲言时，上司对你说了这样一句话，那么他也许并没有什么其他意思。而如果你的公司正面临裁员或是其他危急时刻，上司专门把你叫进去说了这样一句话，那么这里面就暗藏玄机了。很可能，你即将成为被踢走的那个人。

在职场中，一味强硬或者一味软弱都不可取。太强硬了会让上司觉得被冒犯，太软弱了会让上司觉得你缺乏个性和能力。"人善被人欺"

虽然说得有些绝对，但也有一定道理。职场中，应做到该硬时硬、该软时软。若没有触犯原则，则稍微让步一下没有什么。可若仅仅因为你“和善”“好说话”，就毫不犹豫地触犯你的利益，那你就要大声说“不”。唯有如此，才能让上司不看轻你，也不会遇到麻烦就想拿你开刀。当然，在力所能及的范围内，如果上司确实有难处，还是应该体谅并帮忙。只要，他不把你当软柿子捏。

职场小提示

★如果上司夸你“随和”，那么他可能是说你性格好，也可能意味着你上了被裁名单。

★性格随和不是坏事，但要努力工作，让上司看到你的闪光点，这样才不会一遇到问题时首先想到拿你“顶缸”。

★做人不能太软弱，更不要期望获得所有人的认同和赞扬。记住，有人不喜欢你很正常。

30. 又在打扫卫生，你很勤快嘛

——你除了打扫卫生还会做什么

“明褒暗贬”的意思是说，一个人说的话表面上是在夸奖你、赞扬你，但往深层次想，实际上是在挖苦你、贬损你。

这种情况在职场十分常见。工作中，老板经常会用一些具有反讽意味的话来批评你的工作能力，或是表达自己的不满。而正话反着听，恰恰是一个混在职场的人应该具备的技巧。试想，如果你听不出领导是否话中有话，反而单纯地将这种较为柔和的提醒当成是一种彻彻底底的赞扬，那么后果很可能是引起老板的厌烦，甚至还会让你饭碗不保。

林凤是一名企业文员，很勤快也爱干净。每天，她都会提前到办公室，先擦桌子再扫地，直到将办公室打扫干净为止。

有一天早上，领导走进办公室时看到林凤在擦桌子，就仿佛随口似的赞了一句：“小林真勤快啊，一上班就打扫，工作挺有条理啊！”林凤听后很高兴，甚至有些得意。接下来一连几天，领导每次看到林凤打扫卫生的时候，就会说这句话。林凤有些纳闷了，领导就算想表扬她，也不应每次都这么说吧？领导是不是在提醒自己什么呢？

林凤仔细回想自己这几天的所作所为，想起自己这几天打字丢三落四的，领导交代的任务也完成得马马虎虎，再加上领导经常夸奖自己做卫生时勤快有条理……哦！林凤恍然大悟，领导的意思是说自己除了会打扫卫生，工作能力实在不怎么样！

从此，林凤强制自己改掉了马虎的毛病，工作能力也明显提高。果然，领导看到她打扫卫生，就不再说什么“工作挺有条理”的话了。

林凤很聪明，她及时听出了老板的弦外之音。试想，如果她没有听出来“一上班就打扫，工作挺有条理啊”这句话的真实意义，反而还是成天屁颠屁颠地打扫卫生，工作仍旧马马虎虎的话，恐怕领导就会采取一些让她感到不适的方法来提醒她了。

现在，让我们换个角度来思考这个问题。其实，这种喜欢反话正说的领导是明智的，出发点也是好的，因为他们的本意是想让员工改掉一些工作中的坏毛病，但是又不愿伤害员工的自尊，所以采用了旁敲侧击的方式。假设，我们遇到的是一些直性子领导，那他就很有可能直言不讳，我们就只能倍感尴尬了。

每一个身处职场的人都应懂得说话的艺术，很多时候，别人说的话都是有弦外之音的。有时候是正话反说，有时候是除了表面意思之外还有其他的含义，有时候是在向你暗示什么重要信息。不要对此不以为然，因为职场如战场，任何风吹草动都应该注意。要相信，领导不会无缘无故地夸人，他很多时候其实是在暗示着什么。

职场小提示

★当老板频频夸奖你“讲卫生”，“工作有条理”时，你要注意他的弦外之音，多想想自己近期的工作表现。

★如果你听出了老板的话外音，就要尽量找出工作中的不足，检讨自己并努力改进，争取得到老板的认可。

31. 我想我们应该讨论一下

——唉！又要开什么白痴会议了

从小到大我们参加过的会议不计其数，上班以后也经常出席各种大大小小的讨论会，对于大多数人来说，开会是一件很无聊的事，所以经常有人通过玩手机、走神等等打发时间。不过，对于上司来说，开会又是一件很有必要的事情。工作中出现什么问题，或者公司有什么计划，都需要通过开会的方式传达给员工们。

几乎所有的上司都很清楚，员工们很反感开会，所以上司们有时不会直接说："我们开会吧！"而是隐晦地说："就这个问题，我想我们应该讨论一下。"聪明的员工一听就明白，这是要开会了，而职场新人则有可能单纯地认为上司只是想和他们讨论事情而已。

新入职的小蔡和老员工小张正在做下一个季度的工作计划，这时马经理走了过来。

"怎么样，工作还顺利吗？"

小张一看是经理来了，马上说："很顺利，我们很快就能完成任务。"

小蔡听了有点困惑，因为他们的工作进展得并不顺利，很多事情都还没有理出眉目来。不过他是个新来的，职场经验不足，也不敢随便说话，只能附和着说："对，比较顺利。"

“哦，这样啊，那促销的方法想出来了吗，这可是个麻烦的问题。”

小蔡毕竟年轻不谙世故，听马经理这么说便马上回答道：“可不是嘛，很麻烦。各个商场的促销方式都差不多，我们必须想出一个吸引人的办法来才行，否则就没有竞争力了。”

小张假装咳嗽了一声，然后说：“这个问题其实我们以前也遇到过，解决起来难度也不是很大，相信大家能够想出更合适的办法来。”

小蔡从小张的咳嗽声里明白，刚才自己又说错话了，他赶紧闭上嘴巴，保持沉默。

“嗯，我觉得这个问题比较严重，我想我们应该讨论一下。”然后马经理就离开了。

小蔡听了这话倒没觉得有什么不痛快，可是小张却一脸的烦躁，因为他知道马经理是个“开会迷”，而且经常延迟开会时间，还解决不了实际问题。

“怎么啦，有什么不对的吗？”小蔡问道。

小张有点生气地说：“你没听出来吗？我们又要开白痴会议了。马经理最擅长的就是开会，一个星期至少有五次会议，无聊死了。”

小蔡仔细想了想刚才马经理的话，“我们应该讨论讨论”。他心里恍然明白了，原来所谓的讨论不是简单地交换意见，而是上司要开会了。

故事中的小蔡还没有熟悉马经理的行事风格，不知道他是一个“开会迷”，所以才会把工作中遇到的问题告诉他。而马经理正好见缝插针，说“我们应该讨论一下”，其实就是说：“那我们开个小会吧。”

如果你的上司开会频率不高，而且一般情况下不轻易延长开会时间，那么你就应该认真领会会议精神，积极做笔记，配合上司。相反，如果你的上司有开会瘾，那就要想办法应对了。有的上司热衷于开会，而且开会时经常跑题，总是把开会时间拖得很长，有时候下班了会议还没有结束。更糟糕的是，这样的会议往往又解决不了什么实际问题。遇到这样的上司，你需要做的就是提醒他，尽量不要在会议上侃大山，以免耽误大家的时间；而且在会上要引导大家解决问题，不要就小问题做无谓的长篇大论。

此外，有时候会议迟迟不能结束也与员工不配合有关。当上司询问大家的意见时，如果员工总是支支吾吾，不把自己的真实想法讲出来，也不愿意提出可行的办法，那只能影响会议进度。所以，当领导问到你的意见时，你应该大方地告诉他。

职场小提示

★当上司说要就某个问题“讨论一下”时，你应该敏感地意识到，他这是要开会了，你应该为即将召开的会议做准备。

★如果你的上司是个“开会迷”，经常延长开会时间，并且还没有解决实际问题，那么你应该在他跑题的时候适当提醒一下他，并且建议他尽量减少效率较低的会议。不过劝说时言辞要委婉，以免伤害上司的自尊。

★当上司向你询问意见时，你要尽量配合他的工作，这样能够提高会议效率，帮助大家更快地解决问题。

32. 你的工作格外出色

——算你走运，目前还没有犯过错误

古语有云，“天行健，君子以自强不息”。从小到大，老师和家长们都教导我们要有进取心，争取做到最出色、最优秀。而在职场上，几乎所有的上司也都希望员工们能够自强不息、向上进取。

但是，如果上司总说你“进取向上”“格外出色”，可不一定表明他是在夸奖你，这句话还可以解释成“你只不过是目前还没犯过错误而已”。

苏民刚毕业，就被学校推荐到一家不错的企业工作。苏民从小就被父母教育要自强不息、不断进取，所以进了公司之后，他努力上进，认真对待工作。凭借扎实的知识积累和不断学习的拼劲、闯劲，苏民的工作能力提高得很快，远远超过了同期来到公司的其他同事。

有一次，公司要接待一批外商洽谈很重要的项目，如果谈成的话，公司至少三年不用为订单问题发愁了。由于苏民的英语很好，所以幸运地被选进了谈判小组当翻译。

在谈判过程中，苏民准确地翻译外商的意思，并向外商传达本公司谈判小组的想法，表现得十分出色。谈判成功后，老总为了嘉奖他，便提升他为部门主管。对于一个刚工作一年的大学生而言，这的确是件很不容易的事情。

现任经理李奥原本很看好苏民，觉得他人品可靠，能力也强，打算慢慢把他培养成为亲信。可是公司突然把苏民提拔到距离自己一步之遥的位子，让李奥有些吃味。很明显，苏民上升的空间很大，肯定不会甘于一直做自己的下属。没准过不了多久，他就会超越自己。想到此，李奥决定主动出击……

苏民不知道自己的顶头上司有这么复杂的想法，还是一如既往地专注于工作。一天下班后，苏民正准备加一会儿班，把手头上的工作理出眉目来再回家，李奥敲门进来了。东拉西扯了几句之后，李奥若有所指地说："苏民，你到公司以来一直进取向上，工作很出色，要继续努力啊。"

李奥这几句话表面上是在表扬自己，可是他的表情、语气好像都在表达相反的意思。苏民想了想，意识到是自己的升职给李奥造成压力了，可是，自己的确如李奥所说，到公司以来一直兢兢业业，难道这也有错吗？苏民陷入了苦恼之中。

就上文的故事来看，苏民并没有做错，努力工作是每一个员工都应该做的，而他取得的成绩却引起了上司的嫉妒。在这种情况下，上司冷冷的夸奖，说什么"表现不错，很出色"时，他有可能是在说，"你很幸运，到目前为止还没有犯过什么错"，换句话说，他也可能在说"你的运气很好，自从工作以来没有碰上什么棘手的事情"。

面对上司这一类的暗语，你既要小心他可能给你小鞋穿，也不能过于紧张，以免影响正常的工作。嫉妒下属的上司是有可能采取非友好的手段和下属竞争的，所以如果你遇到了这样的上司，工作时就要更加小心，免得被对方钻了空子。

就算发现上司对你的出色成绩有点意见，你也不可以因此降低工作热情，否则只会给自己带来损失。

王杰是个“工作狂”，平时总是办公室里最后一个离开的，业绩也一直在部门里排名第一，而且有时候比经理表现得还要出色。一次，经理笑着对他说：“小王，表现很出色啊，自从上班以来就没有出现过什么失误。”王杰听了这话反复思考，认为经理是在嫉妒他的工作成绩，心里很不是滋味。于是，他渐渐地减少了自己的工作量，如果上司不要求也不会主动加班。他的工作热情越来越低，业绩也大不如从前，本来经理还想给他升职的，看到他不求上进的样子，就放弃了。

如果故事中的王杰能够理智应对上司的“夸奖”，就不会降低工作积极性，事业也会有所进展。面对上司的“黑色夸奖”，首先你要谦虚应答，“我不过是运气好而已，能力还远远不够”。上司一听这话，心里肯定会很舒服，“不错，你还是有自知之明的”。应付完上司的“黑色夸奖”后，你要调整好心态，依旧努力工作，争取更大的进步。而且要尽量和上司保持良好的沟通，多向上司请教工作经验，这样能够有效地减少上司对你的成见。

职场小提示

★面对上司的“黑色夸奖”，你要谦虚地应答，以减轻对方对你的敌意，千万不要为此影响工作，否则吃亏的只能是自己。

★积极和上司沟通，多向上司请教工作经验，既有利于自己的成长，也有利于减少上司对自己的敌意。

第三章

悟透同事的话里话，交际中左右逢源

如果一个人每天工作8小时，那么从他参加工作到正式退休，差不多三分之一的时间都在和同事相处。所以说同事关系对于一个人来说，是非常重要的人际关系。与同事交往，尤其是谈话，不仅需要运用语言技巧，更要学会听懂同事说话背后的暗示。听得懂，才能有较好的人缘，工作上也会处处遇“贵人”；听不懂，就只能被大家排挤，工作中处处碰壁，成为办公室最不受欢迎的人。

33. 大美人，你工作起来太专注了

——你就像一座“冰山”，让人难以接近

初入职场，从学生“变身”为职场人士时，很多新人会觉得特别压抑，而这种情绪的产生并不是因为工作难以招架，主要问题还是出在与周围同事的沟通上。

的确，职场与校园的氛围有很大差别。然而，你不可能永远做办公室里的“哑巴”，以致被人误以为清高、自负等等，成为一座“孤岛”。因此，一旦出现沟通上的困惑，职场新人一定要及时解决，否则不仅影响工作，甚至还会导致自己变得孤僻、不自信。

晓婷是个很漂亮的女孩。刚毕业没多久，她就进了一家大型公司，专门负责处理文案方面的东西。由于晓婷每天的工作量很大，加上初入职场，所以她没有时间也不敢随随便便和同事们说话。

听着同事们有说有笑，她心里很是羡慕，但还是不知道说什么才好，只好更加努力地工作。每天下班，她都像逃跑般离开办公室，一走出公司，心里一下就轻松了。早上醒来，一想到要面对那么多同事，她又忍不住心烦，巴不得去公司的路越长越好。有时候，同事们热情地和她说话，她会脸红心跳半天蹦不出一个字，最后不得不以微笑回应。晓婷知道这样不好，但她不知道怎么改变。

渐渐地，不少同事开始对晓婷有了意见：“自以为长得漂亮，就装起清高来了。”“那么卖力地工作，不就是想显示出和我们不同吗？”这些话被晓婷听到后，她很想说我不是这样的，却怎么都说不出口。

一天中午，晓婷正在办公桌上吃饭，同事小雪走了过来。

“晓婷，我能在你旁边吃饭吗？”小雪友好地问道。

“能……”一直都是独自吃饭的晓婷，被突然走来的同事“吓坏”了，她满脸通红地憋出了一个字。

“呵呵，你真漂亮，作为一个大美人，你工作起来也太专注了。”小雪笑着说。

“哦……其实，也没什么。”晓婷不知道怎么接话才好，感觉很尴尬。

“晓婷，你工作真的很专注，这是我们大家都做不到的。” 小雪再一次说道。

“谢谢……我没有那么厉害。”晓婷很希望和小雪多说几句，可是她真的不知道说什么。

第二天中午吃饭的时候，小雪没有再来找她，反而疏远了她。而别的同事也是，对她一副爱理不理的样子。有时候他们甚至“倚老卖老”，故意“指点”出晓婷工作中的“问题”。

晓婷觉得自己真的好冤，她不是清高，也不是不爱说话，只是不好意思说话。看着同事们对自己越来越疏离，晓婷除了烦闷，也不知道该怎么办才好了。

人的一生要不断攀登很多台阶。这些台阶可能很难攀登，但却不能避开它们。作为职场新人，认识你的同事并和他们融洽相处，就是你需要攀登的台阶之一。

故事中的晓婷，本来就是内向的女孩，加上初入职场，缺乏主动接近同事的勇气，所以给同事留下了“清高”“不合群”的印象。当然，同事是给过晓婷机会的。当同事小雪要求坐在晓婷身边吃饭时，就表现出了自己的友善，但她没有直接问，“晓婷，你怎么不和我们说话”，而是委婉地说：“大美人，你工作也太专注了。”小雪这是在暗示晓婷，“别和‘冰山美女’一样，也加入大家的圈子，一起快乐工作吧。”可是，晓婷根本没有意识到小雪的暗示，她以为对方只是在说她的工作态度，所以她只是顺着工作态度的方向回答。

人和人之间一旦产生了误会，想要再沟通就比较困难了。晓婷就是因为没有听懂“暗语”，导致小雪也误会她了。所以第二天，小雪和其他同事一样，都不愿主动理她了。

同事关系是我们职业生涯中的重要人际关系之一。不少人将同事当作可有可无、无关紧要的人来对待，这实在是一个大错误。要知道，当你在情绪不佳时，当你遇到难题时，当你遇到危机时，当你需要帮助时，当公司进行全方位考核时，同事就成了你不可或缺的伙伴。因此，在职场中应注意与同事沟通，这不仅可以帮助你获得良师益友，也能够让你在职场上得到别人的帮助和支持，为自己的升职加薪打下良好的基础。

那么，职场新人又该如何“接近”同事呢？

首先，身为新人，除了要尽快掌握工作技能外，还要学会适应公司的环境、文化以及人际关系。工作中有什么不懂的，除了自己琢磨外，还要多请教同事，大部分同事还是愿意告诉你如何处理难题的。

其次，要克服懦弱心态。初入职场，面对的可能是已经工作了好几年的同事。职场新人不要有心理负担，而要主动和老员工沟通交往。因为，每个人都是从“职场菜鸟”走向老员工的。

第三，如果你一开始找不到什么话题和同事们聊，那么早上到公司后，遇到同事时一定要微笑点头，问候一句。人和人认识的过程都是从陌生到熟悉，慢慢相互熟悉之后，你们之间的话自然而然就多了。

第四，记住一个原则—— 不要一个人吃午饭。这是一个著名的人际关系学家提出来的忠告。职场人士大多在公司或公司附近就餐，作为新人，你千万不要整天独自进餐，这样既不利于你熟悉工作，也不利于你交好同事。一起吃饭是增进同事友谊的有效办法，可帮你迅速和周围人打成一片。

初入职场的新人，有很多要“招架”的事情，千万不要遇事就苦恼，找方法解决问题才是关键。慢慢地积累和学习，终有一天你会度过新人期，然后也必能很好地驾驭职场，处理人际关系。

职场小提示

★学会幽默。工作之余，同事之间难免要聊聊天。这时，如果能运用你的幽默感，讲个笑话逗大家开怀一笑，相信同事们能对你的印象更好。

★观察同事们的爱好。因为，当你跟大家有了共同的兴趣时，就算你不太会说话，同事们也不会刻意排斥你。

★学会分享。当你有了好东西的时候，可以适当拿出来和同事们分享，很快你就会发现能跟大家打成一片了。

34. 我们是好朋友

——其实我只是想套你的话

我们知道人是情感动物，彼此相处久了就会产生一定的情感，即使身处复杂的职场也不例外。一旦在职场中产生了感情，志同道合者就会生出“职场友谊”。那么，工作中的伙伴到底能不能成为真正的朋友？有人说在工作中建立的友谊，就像玻璃一样脆弱，是不是这样呢？

王慧佳大学毕业后进了一家外企。这家企业的薪资福利好，发展空间也不错，因此王慧佳的朋友们都很羡慕她。

进入公司的第三年，王慧佳认识了留学归国的张娜。没多久，两人就变成了好朋友。她们一起上下班，一起去餐厅吃饭，一起去酒吧聊天，有时还互相倾诉各自的“秘密”。逢年过节的时候，两个人还互赠小礼物。两人看上去，更像是闺蜜，而不是同事。

一天，两人又在酒吧聊天。张娜见王慧佳恍恍惚惚，就追问她是不是有什么心事。

王慧佳有些勉强地笑了笑说：“没有。”

“你啊，还骗得了我。我们是最好的朋友，有什么心事快告诉我。”张娜关地切说道。

犹豫了一会儿，王慧佳终于开口道：“我来公司都三年了，最近听说公司有一次内部升职机会，是去国外担任分部主管。我想去试一试，可是又没有什么信心。”

“哦？”张娜并不知道这个消息，所以有些吃惊：“你怎么知道这个消息呢？说不定是假的。”

“是真的。我昨天经过经理办公室无意间听到的。”

“那就应该是真的了。我支持你去试一试，加油。”张娜微笑着说。

“嗯，谢谢你的鼓励，不过，这件事你千万不要告诉别人哦。”王慧佳小声说道。

“你放心吧，我们是最好的朋友，这是我们之间的秘密。”

可这件事之后，张娜突然变得很忙，很多时候都会让王慧佳下班先走。王慧佳问她在忙什么，她总是抱歉地笑一笑说：“很快又要出国跑业务，要处理的事情特别多。”王慧佳没有想太多，她积极地为升迁做着准备。

然而一个月后，公司突然宣布提拔张娜到国外分部担任主管，张娜的职位空缺由另一名同事接替。而王慧佳，依然在“原地踏步”。直到这一刻，王慧佳才终于明白自己为什么升迁失败。

所谓职场友谊一般是指同事间或上下级间的友谊。这两种层面的职场友谊，对个人所产生的影响是不一样的，有好处也有坏处。而我们讲上面这个故事，也不是反对同事间的亲密无间，只是想提醒：职场友谊是把双刃剑，有弊也有利。靠太近危险，离太远对自身也没好处。

有个经典的故事，很形象地描述了职场人际关系的微妙：

有两只刺猬，由于寒冷而拥在一起取暖。但因为各自身上都长着刺，所以它们靠得太近就会被对方扎到，离得太远，又会冷得受不了。几经折腾，它们终于找到一个合适的距离，不会太痛，也不会太冷。

职场上，处理与上司、同事之间的关系，其实就像这两只刺猬，要找到“温暖又不至于被扎”的距离。而职场友谊的把握，也是如此。

故事中的主人公王慧佳，并没有把握住这一点。她完全将同事张娜当成了闺蜜，对其推心置腹。只可惜，纯洁的友谊很神圣，是付出不求回报的。但在职场中，“朋友”难免会功利化。尤其是涉及到升迁、加薪的事情，“再好”的“闺密”、“哥们儿”也可能被“先放一边”或者被“彻底扔开”。所以，当张娜对王慧佳说“我们是最好的朋友”时，她的真实含义是“职场没有好朋友，我只是借朋友之名，套你的话罢了”。

而蒙在鼓里的王慧佳，直到最后一刻，看着昔日好友“一步登天”才恍然大悟。甚至张娜的职位空缺，填补的人都可能是张娜推荐的。而她没有推荐王慧佳，大概是怕拉近二者之间的距离。

所以，你可以适当地与同事分享某些私人的信息，这有助于建立一种信任感和彼此友好的气氛。但这种私人信息一定要经过仔细筛选，而且分享的程度和方式也要遵守一定的规则。

总之，在职场里，学会如何处理好职场友谊，拿捏好分寸，不仅能保护自己，也会让自己在职场中生存和发展得更加平衡。

职场小提示

★职场存在友谊，但职场友谊不是闺蜜、哥们儿般的情谊，保持适当的距离，职场友谊才更长久。

★职场中，友谊是友谊，公事是公事，要在人我之间建立清晰的界限，不要随意越界。

★最好的同事朋友应该这样：你们一起工作，但在分工职责上没有冲突。

35. 美女，你说话真豪迈

——你说话能不能不要这么直率

现实生活中，很多人的性格是心直口快、没有城府、直来直往的，这类人在人际交往中一般比较受欢迎，因为和他们交往起来很轻松。可职场中这样的人有时让人很伤脑筋，因为他们总在无意中伤害别人，让人下不来台。你责怪他，他却说自己是无意的；你不怪他，他又屡次让你恼火。这样的人真是让人头疼。

张秋是某公司的报关员，她长相甜美，性格直爽，经常是想到什么说什么，常常不分场合地开玩笑。

一天中午，大家正在吃饭，张秋突然注意到同事琳达穿了一身灰西服。她立刻夸张地大声嚷嚷道："哎哟，琳达今天穿新衣服啦！真好看！"

琳达听后，还没来得及高兴，就听张秋又接着说了一句："就跟灰耗子一样。"

琳达的脸色一下就变了，办公室的气氛也顿时"灰暗"了起来。

还有一次，客户到公司找张秋的同事张琳。期间，客户要张琳签字，张琳签完后，客户不禁感叹道："真是字迹如人，你这字秀气中透着大方啊！"

恰在这时，张秋走了进来，听到此话之后说："能不好看吗？她都练了好几个月了。"张秋刚说完这句话，张琳和客户的表情都瞬间僵硬了，气氛变得非常尴尬。

同事周珊实在无法忍受张秋这种“豪迈”的性格，就对她说：“张美女，你说话真豪迈，就像男人一样。”

“我豪爽一点不好吗？哪像你，微生物都比你心眼大。”张秋哈哈大笑。周珊没有再说话，其他同事也无奈地摇了摇头。

渐渐地，张秋变成了办公室里的一座“孤岛”，明明身边有很多人，可大家都不靠近她，甚至有意躲避着她。张秋也知道自己被孤立了，可“聪明”的她却怎么都想不明白，自己有着很强的能力，怎么却没有好人缘呢？

职场上，适当地“说话直率”的确可以拉近跟同事之间的距离。但如果口无遮拦、“直抒胸臆”，对同事不分场合地想说什么就说什么，就难免成了“黑色玩笑”了。而故事中的张秋就“擅长”开此类“黑色玩笑”，这对人际关系有着致命的破坏力。她根本没明白同事周珊说的那句“你说话真豪迈，就像男人一样”的真实含义，还以为周珊是在赞扬她性格大气，所以之后依然“无意”地伤害同事们的感情。直到被孤立，她也没明白为什么。

还有一个故事，讲的也是说话太过直率的坏处。

一位较胖的妇人走进一家服装店。还没选衣服，售货小姐就对她说：“女士，你太肥了，我们没有适合你的衣服。”

这位妇人正想反驳，售货小姐又说：“老了胖点还是挺好的。”

这位妇人气得直发抖，正想发作，经理跑过来接连道歉。妇人刚缓和下来，却又听见经理说：“售货员初来乍到，特别不会说话，但都是真话，请别介意。”

妇人气得扭头就走，发誓再也不来这家店了，并且回去告诉自己的姐妹们也不要来了。

故事中的售货小姐和经理，虽然直率诚实，却伤害到了妇人，可以想见，她们这样做生意，很难卖出多少衣服的。

上面两个故事中的主人公，说话都很直率，这是一种很糟糕的职场习惯。直率，从心理学角度看，是人性中最本质的部分。孩子说话处处表现出天然的真实，这就最原始的“直率”。但孩童的率直因“童言无忌”可被人们接受，而成年人的直率，就要考虑所引发的后果了。

在成年人的世界，人与人交往的基本动机就是获得情感满足的体验。太过直率的说话，不仅没有有效传递温暖安全的情感，还让人觉得你是一个另类。要知道，委婉不是虚伪，留份薄面给他人，有什么不好呢？

在社会交往中，人与人之间的关系存在一种很微妙的“化学反应”。一件小事就可能拉近你和对方的关系，也能“毁掉”你们的关系。《论语·雍也》中也说过：“质胜文则野，文胜质则史，文质彬彬，然后君子。”意思是说，质朴多过文饰，就成了粗野；文饰多过质朴，就成了虚浮。只有当质朴与文饰并用，你才能成为君子。这个道理放在职场上，就是说：虽然说话太过直率的人说的是真话，心眼也不坏，但太过诚实就变成了毒，太容易伤人。

职场小提示

★在办公室里要与人为善，说话态度和气，让人有亲切感。对于原则性不是很强的问题，没必要争得你死我活。

★说话过于直率，只能给自己带来不小的麻烦。因此，说话前要多加思考，也就是慎言。

★如果你说话太过直率，又想要安慰他人，就要注意把握好说话时机。等对方能够接受时，再说也不迟。

36. 帅哥，你说话真有“风度”

——请减少你骚扰性的语言吧

在同一办公室相处，彼此的交流必不可少。因此，在平时插科打诨中把握适合的“度”非常重要。没有异性在的时候，怎么说话都行。可如果有异性在，说话就要注意点。有些男士在办公室里无所顾忌，“荤段子”张口便是，要不就随意拿“爱”和女同事开玩笑，这些做法既是对他人的不尊重，也是对自己的不尊重，应该尽量避免。

王海军刚进公司没多久，就和办公室同事们“打成了一片”。他性格豪爽，很喜欢开玩笑。

公司一位姓章的女同事结婚，邀请了所有同事和直属上司。

婚礼上，所有同事都赞美新娘子打扮得真漂亮。可王海军却说化妆师用假刘海掩盖了新娘原本美丽的真发，简直就是画蛇添足。在场的同事都说他不懂，可王海军却固执地认为，化妆师太没“技术含量”了。

喜宴的时候，新娘穿着一身洁白的婚纱出现在台上。

主持人问坐在台下的观众：“新娘美不美啊？”

所有人都高呼，“美！”“太漂亮了！”

王海军却偷偷说道：“婚纱很漂亮，不过新娘穿着可能有点不太合适。”由于王海军坐在靠前的位置，离固定式话筒比较近，所以他的话被全场听到了。新娘的面部表情立马僵硬了，幸好主持人急中生智，才让场面没有失控。

后来，王海军又经常遭到一些女同事的白眼。有女同事下班后准备去美容，王海军知道后笑着说："别弄得跟个妖精一样，不然只好我娶你了。"结果，那位女同事的男朋友正好在外面等着，王海军一句话，差点让他冲进来。

还有一次，一位女同事认识了一个新的男友，想征求王海军的意见。王海军又笑着说："他那么糟糕你也喜欢，还不如跟我好了。"这位女同事气得不再和他说话了。

渐渐地，王海军发现，许多女同事都不愿和他说话了。

性格豪爽的王海军哪里能忍受这种"尴尬"。他在和一帮男同事聊天时说出了自己的困惑。同事董星说："你啊，和办公室的女同事们说话，太有'风度'了。"

"是啊，对女同事说话可不能太有'风度'。小章一定是没想到你会在她婚礼上说出那样的话。"另一位同事附和道。

"我说话有风度？"王海军百思不得其解。

"是啊，你好好反思一下吧。"

回到家的王海军，仔细琢磨了同事们的话，又联想到自己对女同事们的态度，猛然醒悟。从那以后，他在办公室里老实了很多。

办公室的男女相处较之普通的男女接触要复杂很多。同事关系不同于亲友，乃是不以亲情为纽带的社会关系。亲友之间一时的失礼，可以用亲情来弥补，而同事之间的关系是以工作为纽带的，一旦失礼，创伤难以愈合。所以，一般同学、朋友关系，谈话可以海阔天空、家长里短，而同事间聊天的话题应该主要围绕工作展开，除此之外就最好蜻蜓点水，不可胡乱说话，尤其是不能涉及到感情。

故事中的王海军，就是因为和女同事开玩笑太过分了，才被渐渐疏远。男同事说 他说话太有风度，并不是真的在夸奖王海军说话有风度，而是责怪他说话一点儿都不懂得尊重女同事，语言中常带着骚扰的感觉。

职场上，在异性同事询问你的意见或建议时，最好的办法就是做出一些中立的回答，比如“我认为不错”、“性格上说，你们不是特别适合，不过也许相处一段时间会好的”等回答。这样，既给了对方想要的回答，也表达了自己的意见。

那些能在办公室里真正与他人相处得好的，不是拒人于千里之外的冷美人、冷帅哥，也不是那些天天泡在异性堆里的大众情人。在日常的交流过程中，尤其是在办公室的背景下，与异性交谈的话题应尽量限定在工作范围之内。

职场小提示

★办公室男女相处的时间长了，总免不了开开玩笑。但在开玩笑时，应注意不要伤及他人的自尊。男女有别，尤其对一些较为敏感的话题，应该适可而止。千万别“祸从口出”，因为一句玩笑断送同事友谊。

★如果异性同事向你倾诉，你最好能浅“听”辄止，安慰即可，不可介入太深。

37. 你真可爱

——拜托，这里是职场，不是幼儿园

人际交往中，通常会出现三种心态：成人心态，孩童心态与家长心态。如果一个人在职场中过度使用了“孩童心态”，就会不知不觉将他人置于一个“家长心态”或者“成人心态”的位置上去。于是，他在职场中，就只能被当作小孩儿——大家都喜欢你，但从不要你担负重任。

何秋的家庭成长环境比较轻松。她的母亲是幼儿园老师，无论何秋多大，她也总是把她当小孩看待。何秋的爷爷奶奶也很宠爱她，什么事都由着她。洗衣、刷碗，都是何秋在上了大学后才慢慢学会的。

大学毕业后，何秋进了一家国企，当然，这是父母忙碌将近半年的结果。进公司三个多月的时候，何秋的父母几乎每天都会接送她上下班。每当别的同事要约何秋一同逛街的时候，她的父母总是说，如果是买衣服，我们给你买就行了，你自己又不会挑。而且，何秋的父母每次给她挑选的衣服都很可爱，其他配饰也以可爱为主要基调。

何秋在办公室里的表现也很可爱。比如，她让某个同事帮她复印一份文件，就会说，“你帮我复印一下啦！”这种略带撒娇，还配上可爱表情的语气，让同事们都忍不住说：“何秋，你真是越活越像小孩儿呢。”何秋以为这是大家对她的夸奖，总是笑眯眯地说：“可爱点很好，不显老嘛。”

一天，同事张姐让何秋帮忙给某公司的经理发一封商务邀请函。何秋很快写完成了，传给了张姐着。张姐打开文件一看，直呼：“何秋，你真可爱！”

一听张姐这么说，附近几个同事都围了过来。

“何秋啊，咱们是给对方发商务邀请函，这么严肃的事情，你怎么能用如此可爱的信纸呢？”原来，何秋没有用公司的商务信笺，而是换了一张活泼艳丽的米老鼠信笺。再一看邀请函的内容，就更“可爱”了。

张姐无奈地摇摇头说：“何秋啊，你太可爱了！这邀请函，还是我自己来写吧。”从此，再也没有同事要何秋帮忙做重要的事情了。进公司都快一年了，她依然在最初的位置，做着最简单的工作。

何秋非常苦恼，她更不明白，为什么父母能接受她的可爱，同学们也能接受她的可爱，而同事们却做不到呢？

一个人在家庭中曾有过怎样的经历，就会形成怎样的待人接物风格。而这些风格和特点，往往会在成年后的处世中被一次次重复。正因如此，人们才有了不同的个性。

故事中的主人公何秋就是这样一种“持续的可爱型个性”。一个个性可爱的人，是没有办法肩负重任的。因为他们“稚气未脱”，依然就像一个孩子。故事中的主人公张秋，当同事让她帮忙写一封商务邀请函时，她却把一件严肃正经的事情，当作好玩儿的游戏，将信函弄得“花枝招展”。可何秋并没有意识到写商务信函这件事情的严肃性，也或者她在用可爱的表达方式诠释严肃。这就难怪同事们在说她“你真可爱”的时候，她还以为大家是在夸奖她。其实不然，当同事们因为你工作上出错，或其他事情上你没有达到他们的期望，对你说你很可爱的时候，其实是在暗示你：这是职场，不是幼儿园，收起你的可爱吧。

我们说，每个人在不同的场合里都扮演着不同角色，这是一种弹性的处事方式。家和公司是两个完全不同的场合。家是亲密关系所在，以情为主导；公司是利益关系所在，以行为对错为准则。所以，一定要分清你的心理边界，做一个成熟的职场人士。

职场小提示

★职场中，我们需要以一种“成人心态”，也就是理性、自信和坦然的心态来与他人交往。只有当你拥有了“成人心态”，你才能勇敢地做自己，才能赢得同事们的尊重，赢得事业上的光彩。

★当一个人将他的幼稚心理展现在父母面前时，他们可以以“情”理解你；展现在朋友面前，他们也能以“情”宽容你。但在职场就不同了。如果你还以这种心态与同事，尤其是一些年长同事交往，就会被认为不成熟、幼稚，轻则不让你担负重任，重则可能让你离开公司。

38. 你的事业心真强

——你为什么不能容忍比你强的同事呢

如果按照每人每天工作 8 小时来计算，那我们从正式工作到退休的 40 年左右时间里，差不多有 1/3 的时间都身在职场，都在和同事相处。所以，职场中的同事关系对于一个人来说是最重要的人际关系之一。你是否能在兼顾事业的同时，正确处理好与同事的关系呢？

毕业于名校、能力出众的李依然刚到公司工作时，为了表现自己，不仅将本职工作做得很好，还处处帮助其他同事。同事们都很喜欢他。

一天，公司又来了一位新同事。这位新同事的能力也很强，同事们有什么不懂的，都愿意去问他，而他也都一一耐心解答。

李依然的心里变得很不舒服，他认为新同事的到来遮住了他的“光辉”，让他无法展现出自己的能力。

这天，新同事正在耐心教同事小毛网页方面的知识，路过的李依然看到了，赶紧跑过来让新同事回去忙自己的，他来教小毛。但小毛不愿意，说：“他教的好好的，你干吗要让他离开呢？”为了证明自己比新同事强，李依然包下了小毛所有的工作，见此，小毛也不再说话了。此时，另一个同事徐姜正好经过，他笑着对李依然说：“你的事业心真强。”

“我不过是帮帮小毛罢了。”李依然摆摆手回道。

“我看你就是事业心太强，看着新同事比你强，你就挤兑他吧。说是帮助小毛，我看你是想把东西都学会了，以后好在自个儿功劳簿上添功吧？” 徐姜说完转身就走了。

李依然听了此话，心里凉了半截：我可不是这个意思啊！

有不少职场新人认为，刚工作时，一定要好好展现自己的能力，只有这样才能坐稳“江山”，获得出头机会。因此，他们在工作中处处争强好胜，就像故事中的李依然，总想着展现工作能力，甚至包揽同事的工作，反而引起了同事们的反感。

薛敏毕业后，在一家合资企业找了份工作。一天，薛敏完成一份策划书后，交给了上司。上司看过后，很不满意，将另一个同事的策划书地给她，并说：“你看你的写得多糟糕，学学小周吧。”

薛敏的心里很不服气，她觉得上司偏心，她发誓一定要超过小周。

一天，小周有急事，而上司正好不在，她便将做好的数据表格交给薛敏，请她等上司回来后帮忙递交一下。薛敏满口答应。小周前脚出门，薛敏后脚就拿起了她的数据表，仔细看了半天，发现确实没有任何问题。再对比一下自己做的表格，果然是“一塌糊涂”。薛敏心想：如果将两个人的数据表一起递交给上司，自己准又要挨骂。

薛敏决定修改小周的数据表。

当她快修改完成时，同事叶建路过她身边时恰好看到了这一幕。

“这是小周的数据表吧？”

“是的……我帮她改改。”

“哦？小周的工作内容你也修改？”

“我就是看到有不太对的地方，所以改改。” 薛敏急得满脸通红。

“你人真好，也很有事业心嘛，小周可得好好感谢你一下。”叶建冷冷地说完就走了。

没过多久，公司就以试用期不合格为由，提前结束了薛敏的工作。

同事之间，难免存在着各种利害关系，因此，也就很容易产生嫉妒心理。有嫉妒心很正常，但要进行妥善处理。就像两个故事中，两位主人公都被同事说“你真有事业心”，其实，这是在暗示他们“无法容忍他人比你强”。

一个争强好胜的人很容易刚愎自用。如果他们与别人合作得好，不仅展现了能力，也不会被当作争强善妒的人；若合作得不好，则可能被当成不懂装懂，抢别人饭碗的人。就像故事中的两位主人公，他们都想展现自己的能力，却都没有把握好度，结果无一例外地被孤立了。

过于争强好胜的人往往过得不快乐，因为他们不知道保持平常心是快乐的秘密。人活在世，本来就是件很不容易的事，又为何要为难自己呢？每个人都有自己的缺点，拿自己的缺点与别人的优点相比，必然越比越垂头丧气，这样又怎么会快乐得起来呢？所以职场中，千万不要为难自己，不要跟自己过不去。坦然地接受自己的缺点，用平和的心态面对它，才能和同事们建立良好的人际关系。

职场小提示

★想要通过帮助他人表现自己的工作能力，最正确的做法就是，诚心实意地帮助你的同事。这样做既是尊重他人，也能为自己赢得更好的发展机会。

★在工作中，要学会为自己降压，减少浮躁感，与人为善，积极乐观，用平和的心态面对工作。

39. 这件事我只是随便说一下

——你别以为我真的是随便说说的

俗话说，明人不说暗话。然而在职场中，说“暗语”似乎已经成了某种“潜规则”。同事夸你观察能力强，说不定在暗指你经常打小报告；和同事们聊天，对方看似漫不经心地说着什么，其实是在暗中告诉你什么信息……不懂这些暗语，在职场怎么“混”！

张川和王彤是相处多年的同事，都在销售部工作。

一天，公司发布通告：年底时，销售冠军将获得一大笔奖金。

张川非常希望获得这笔钱，因为他刚有了孩子，开销急剧上升。王彤对这笔钱看得也很重，因为他想买辆车。

中午，两人一同用餐的时候，王彤突然对张川说：“我现在并不是很需要那笔钱。”

“你说什么呢？”张川感到很吃惊。

“我暂时不买车了。你也知道，现在买车容易，养车难啊。要是买了不开，放在那儿也是浪费。再说了，告示一出，全公司得有多少人奔着目标去啊！还有那么多年轻的新同事，我们啊，比不过人家的。”

“说的也是，有那么多的新同事，年轻、有活力，我们可能真没什么竞争力。”张川认为王彤的话还是有一定道理的。

“之前说想争这笔钱我不过是随便说说的。我是真打算放弃这次竞争了，你比我有能力，可以试试。”王彤鼓励张川。

这次聊天后，两人各回工作岗位忙碌着。张川自从听了王彤那句“随便说说”后，也就没把竞争当回事了。尽管他真的很需要那笔钱，可是一想到王彤的“分析”，又觉得很有道理，唉，还是老老实实等着加薪吧。

但没多久，张川就发现王彤突然变得很忙碌，不是频繁出差就是总往经理办公室送文件。他问王彤，王彤却说：“那些新来的小同事业务不熟，干脆有些事情就由我来代劳了。”

张川相信了王彤的话，说：“你要是忙不过来，我也可以帮忙。”王彤听了，笑而不语。

到了年底绩效考核的时候，张川傻眼了，排名第一位的是王彤！而且由于王彤绩效突出，公司决定提拔他为部门领导。

此时的张川回想起王彤对他“随便说说”的“真心话”，终于醒悟，他忍不住骂了一句：“虚伪！”

职场上，你是否会因情感而影响工作呢？当你想争取成功时，是否会出于同情而对看上去很可怜的同事手下留情？当你坦诚面对竞争者时，对方是否正利用你的善良和诚意攻击你？所谓“兵不厌诈”，有时，在残酷的职场竞争中遇见虚伪的人和事也“在所难免”。

故事中张川的失误就在于他没有认清这种“虚伪”的客观存在。他自我感觉和同事关系好，就盲目信任对方。没错，在没有竞争的时候，大家也许能彼此相悦、其乐融融，然而一旦进入“角斗场”，角色就变成了有“对立矛盾”的人。在竞争中，除非一方真的自愿放弃，否则，必然是“刀光剑影的闪烁”，令人难以回避。

正如故事中的王彤，他其实并没有真正放弃竞争，但却对同事张川说自己放弃了，还强调之前说要争取只是“随便说说”，让对方一定放心。这是为什么呢？我们猜想，这大概是因为王彤考虑到张川和自己的优势相差不多，又是多年的同事，两个人在竞争的准备中都有防备之心，既不利于最后那“背水一战”，更可能“两败俱伤”。因此，为了获得更多胜利的机会，王彤特意告知张川，自己已经放弃，从心理上“帮助”张川放下戒心，放弃竞争。可惜张川真的中计，将对方的“随便说说”当了真，觉得王彤说的的确在理，也就不再为竞争做任何努力了。

我们说职场是一个充满利益的场所，而有利益，就必定有竞争。如果你的同事真的放弃了竞争，会专门跑来告知你吗？默默放弃就可以了啊！故事中的张川确实够迟钝，就连发现王彤“忙碌得有些不正常”时，也没有及时警醒：对方这么忙碌究竟是为了什么？是不是有可能在为了竞争而努力？他依然信任着眼前这位“说实话”的同事。所以，他才会在发现王彤年终考评名列榜首时，大吃一惊。

我们说，同样的信息通过不同的人来表达，就会出现差异；有人从不掩饰喜怒哀乐；有人不动声色掩藏情绪；有人则善于从反面表达情感。所以，要识别他人所说的话是正话还是反话，是暗语还是明语，最重要的就是了解说话者一贯的表述方式或习惯，并考虑到说话者所处的语境及当下的立场，如此才能更有效地识破对方的真实意思。

职场小提示

★同事间相处的“最高境界”是永远别把对方当坏人，但也要记住并非每个人都像你想象得那么好。因为，职场中涉及到利益的的争夺，很难维系纯洁的简单关系。

★永远不要相信职场中的“随便说说”，越是随便说说的话，其实越有深意。

40. 你的观察力很敏锐

——你好像很喜欢散布一些小道消息

职场上，我们总会遇到这样的人，他们热衷于散布小道消息，让人不胜其烦。传播消息的人，有的还自以为有很好的人缘，却不知他正为自己的办公室人际关系埋下一颗大炸弹。

周峰平时特别喜欢在办公室里散布一些小道消息。

“我听说咱们奖金要上调，你认为你能涨多少？” 一天，他问同事王乐乐。

“是吗？一定没你的多。” 王乐乐笑着说。

“你就估计一下吧。”周峰继续追问。

“你真想知道，就去问经理吧，我正忙着呢。”王乐乐敷衍道。

到了下午，周峰突然郑重其事地走到王乐乐面前说：“我中午路过经理办公室，正好听到经理说不打算上调奖金。”

“是吗，也许是你听错了吧。”王乐乐说。

第二天，公司上下都是关于公司不会上调奖金的传言。

“你的观察力很敏锐嘛。”王乐乐听到传闻后对周峰说。

“我才没有观察别人呢，都是听说的。”周峰很不服气。

“小周，经理叫你到办公室去。”肖主任在走廊上大声喊道。

“小周啊，公司上下都在讨论不上调奖金的事，你知道吗？”经理一脸严肃地问。

“我……我知道。我那天无意间听到了你说的话，心想，大家都很关心奖金的事情，就告诉他们了。”

“你听到的话，就确定是真实的吗？现在公司老总也在问这件事情，你瞧瞧你的魅力多大啊。你要奖金是吧？没有！奖励倒是有——取消你今年的全部奖金。” 经理生气地说道。

周峰垂头丧气地走出了办公室。他后悔没管住嘴，既伤害了同事关系，自己也受到了惩罚。

办公室是一个信息集中地，成为一个消息灵通的人，能为自己的魅力加分不少。可问题是，你应该如何传递信息？传递怎样的信息？美国职场心理专家指出，经常在办公室传递负面信息的人，往往吃力不讨好。因为，你的同事们会因为你提供的信息而产生一定的负面情绪。在他们的潜意识中，还会将这种情绪“移情”到消息的传递人身上。如此一来，你在同事们的心中，就会留下一个负面的形象。同事们会认为你是一个靠不住、轻浮、随便的人，谁会喜欢这样的同事呢？

就像故事中的周峰，他平时就喜欢传递小道消息，但这次，却让自己栽了跟头。之前，同事王乐乐曾善意地提醒过他“你的观察力很强嘛”，从字面理解，一个善于观察他人的人，总会喜欢盯着他人的一举一动。因此，王乐乐其实并没有真的说周峰善于观察他人，而是暗示他总喜欢散布小道消息，这样很不好。

可惜周峰没有听懂暗语，还反问道：“我哪里善于观察他人了？”

没有理解暗语的周峰，也就只能“将错误进行到底”，最终自食苦果。

虽然我们常说人和人之间要坦诚相待，然而身在职场，有的话不能随便说。所以，你必须提高自己的职场情商，懂得职场法则，不能随便对同事说的话，一定要闭口不提。例如，“我亲耳听到……”“我刚才听说的，肯定没听错……”这类话颇有小道消息嫌疑。“听说”这样的词千万要慎重使用，稍不注意就会让人认为你是在散播小道消息，影响很不好。

工作之余，和同事们聊天是一种不错的减压方式。办公室里的聊天，只要时间和内容恰当，既能活跃思维，又能增进同事之间的感情，而且还能在一定程度上提高工作效率。但办公室毕竟是工作的地方，不是茶楼咖啡馆，过多的是非聊天不但创造不了业绩，反而还会滋生出许多麻烦。所以一定管住自己的嘴，不要让聊天成为传播小道消息的源头。

如果你希望通过传递消息，来为自己赢得好人缘，就要尽量向同事们传递正面信息。比如公司即将组织旅游，或节假日会多放假一天等。至于减薪、裁员、缩减开支类消息，就算你提前知道，也要保守秘密。这样的负面信息，还是由公司领导层，公事公办地向大家宣布吧。

职场小提示

★即使面对平时相处得十分融洽的同事，也要在聊天时管好嘴巴，不然就很容易“祸从口出”，影响到工作不说，也不利于自己的人际关系发展。

★若要人不知，除非己莫为。不能在办公室里论人是非，当听到别人讨论是非时，也最好借故避开，少凑堆。

★了解职场法则并明白什么是可以说的，什么是不能说的，将有助于我们快速适应职场，并获得有利的生存竞争筹码。

41. 你真是好人

——以后跑腿的活儿就交给你了

职场上，我们常常会遇到这样的人，他们很少发表个人意见，对同事的要求有求必应，从不拒绝；他们从来没跟同事红过脸，更不会与人争吵；他们不得罪周围任何一个人，看上去和谁都很亲近……我们将这样的人称为“职场老好人”。

这样的“职场老好人”有很多，他们为了维护表面上的和谐关系，付出了很多，然而收获却未必如己所料。

初入职场的陈晓，时刻提醒自己要谦虚学习，低调做人。为了尽快和同事们“打成一片”，他对同事的要求几乎没有拒绝过。

每到休假日值班，只要哪个同事说：“谁帮我值个班？”陈晓都会说：“我来吧，反正周末也没什么事。”

渐渐地，一到周末，同事们都不来了，陈晓成了值班专业户。

平时上班，只要哪个同事说：“早上起来晚了，没来得及吃早餐。”陈晓就会立刻拿出自己买的零食，给同事送过去。炎炎夏日，陈晓还经常买来冰镇饮料给大家喝。同事们经常说：“陈晓啊，你真是好人，大家都很喜欢你。”

就连平常下班之后，陈晓也总是抢着扫地、拖地、整理办公室。渐渐地，他成了全公司公认的“好人”。

然而，随着陈晓的工作任务渐渐增多，他再也没有时间像以前一样，帮同事们跑腿、代班了。埋怨，也就接二连三地出现了。甚至有同事当着陈晓的面说：“在公司时间长了，就学会摆架子啦？”

陈晓心里很烦，可他找不到拒绝的理由。

故事中的陈晓，为了搞好人际关系真可谓“牺牲巨大”。可惜，却只换了轻飘飘的一句“大家都喜欢和你相处”。

陈晓太急于寻求良好的同事关系，反而忽略了这句话暗藏的含义。这句话其实是说，你就是一个老好人，你存在的意义就是帮助我们代班、跑腿。而当有一天，陈晓因为某些缘由无法满足同事们的请求时，同事们就会认为“老好人不够意思”，从而疏远他。

当第一次被人“夸奖”时，陈晓还以为自己终于得到了同事们的认可。因此，误会了暗语的陈晓，不但没有获得同事们的尊重，反而成了办公室“佣人”。如果他再不醒悟，继续扮演老好人的角色，那么他将被继续“压榨”下去，影响本职工作，也得不到好人缘。

还有一个经典故事，想必大家都听说过。

有一个富翁，每天都会施舍给街口一个乞丐5元钱。后来，富翁结婚了，还有了孩子，就将每天给乞丐的5元钱改为2元钱。

乞丐好奇地问他：“先生，为什么你给我的钱越来越少了？”

“单身的时候没有压力，所以每天给你5元；成家后有了孩子，生活负担加重，所以每天只能给你2元。”富翁回答。

没想到，乞丐听后一下发怒了：“你这人太对不起我了！你有压力是你的事情，但你不能拿我的钱去养你的家人！”

抛开别的寓意不谈，这个故事向我们展示了什么是“习惯成自然”。很多时候，当某种行为重复无数次后，他人就会习以为常。一旦某天，这样重复的行为不再出现，他人就会奇怪或是责怪。对于“职场老好人”，我们可以赞扬其乐于助人的精神，但不赞同其不懂拒绝的“愚蠢”。

那么，如何让自己脱离“职场老好人”的困境，同时又能保持良好的同事关系呢？

首先，要学会发表不同意见。对大多数人来说，他们都会选择接受坦率而真诚的建议。在工作中，虽然确实“以和为贵”，但适当的反驳并不会破坏同事间的关系。

其次，博得人气，但是尽量别给同事留下“老好人”的印象。有时候，“老好人”为了不得罪人，只好同时周旋在几个人之间，而且为了不得罪任何一方，他都要表现出与该方共进退。然而，一旦发生矛盾，这个“老好人”的行为就很容易被发现，那时候他就会成为任何一方都讨厌的人。

职场中的“老好人”，事实上最终将成为一个碌碌无为的人。因为这样的人在职场中总会因为分担别人的工作，而耽误自己的工作，说不定还会把自己弄得一团糟。而且“老好人”几乎不敢表达自己的想法，表明自己的态度。这样的人在职场上又怎么能有所突破、赢得成功呢？只有一个有主见、有思想、懂得在合理情况下婉转说“不”的人，才能成为笑傲职场的人际达人。

职场小提示

★剔除不合理的认知，如“我不能让任何一个人失望”、“我千万不能表现出不耐烦的样子”等。这些都是导致自己沦为“老好人”的心魔。

★忠于自己的情绪。只要不伤害他人情感，就可以在适当的情境下展露情绪，让旁人了解到你的真实感受。

42. 这是我最后一次借钱

——但下次你肯定还会借给我

借钱给别人，本来就是件两难的事。不借，伤感情；借，伤钱。再加上职场上隔着同事这么一层特殊关系，稍微处理不好，很可能会影响到正常工作。

俗话说，“亲兄弟明算账”，何况仅仅是同事关系呢？“同事”是以挣钱和做事业为目的才走到一起的，一旦某天离开了办公室这一亩三分地，那就是各奔东西了。因此，当涉及到金钱往来时，不管你们是多铁的“哥们儿”还是无话不说的“闺蜜”，都要记得公事公办。彼此之间一定要说清楚、算明白，正所谓“先小人，后君子”。

张婷和王君是很好的朋友，在一家民营企业上班。

这天，张婷找到王君，想向她借4000元。

“你放心吧，这是我最后一次借钱。现在手头的确很紧。”张婷说。

“我现在手头也比较紧。我用信用卡提现吧。”张婷以前就经常找王君借钱，虽然并没有按照约定时间还给她，不过到头来总会还清。王君也觉着两人既然是好朋友，当然能帮就帮。

下午，张婷接过王君的4000元钱，对她说：“你真是我的好姐妹，下个月我连利息一起还给你。”

“你说什么呢？我们是好姐妹，还谈什么利息。”王君责怪张婷太见外。

到了张婷答应还钱的日子，她并没有如约还钱。王君心想，她大约忘了吧！我再等等。可没几天，张婷又找到了王君。

“真的很抱歉，我可能还需要一笔钱，大概7000元。我真的是最后一次借钱了，这次我保证，这个月底连同上次的欠款和利息都还给你。帮帮我好吗？”虽然，王君手头也很紧，可她实在不忍心见张婷可怜的样子，只好答应了。回家后，她找到父母借了7000元钱，转身就借给了张婷。

谁知道到了第二周，张婷没有来上班。王君给张婷打电话，想问她怎么了，没想到拨过去竟然是空号。一想到借出去的钱，她有些慌了，赶紧找到经理，一问才知道，原来王君早在一个星期前就提交了离职申请书。

可惜，和张婷做了快一年的同事，王君竟然完全不知道对方家住哪里，也不知道对方的固定电话号码，就连证明对方借了钱的借条都没有一张。王君欲哭无泪。

我们常说，同事之间关系再好也别提钱，提钱就容易伤感情。哪怕是再好的同事，最好也别和他扯上金钱关系。

然而故事中的王君，面对金钱问题时却感情用事，最后“人财两空”。张婷对王君说：“这是我最后一次借钱”，其实一个经常借钱的人，很难有最后一次借钱的时候。况且，如果每次借钱都很容易，那么以后当他缺钱时，还是会首先想到你。不管他最终是否还上，你都会麻烦缠身。而一旦他不再还钱，那你就真只能欲哭无泪了。

从故事发展来看，张婷果然不是最后一次借钱。

总结故事，可以说在同事之间，当涉及到金钱时，一定要先谈金钱后论感情。这不是只认钱不认人，而是一种明哲保身、就事论事的做法，对同事双方都有利。

如果你的同事的确有难处向你借钱，无论是上千还是几百，都要严格要求对方遵守期限约定的日期，尽快还款。“有借有还，再借不难”，原则性的问题就一定要事先说明。

首先，如果同事一定要向你借钱，那你就要先确定自己是否清楚同事的经济状况和品行，你和该同事两人的交情是否够深厚，对方能否如约还钱等。

其次，借款时写一张规范的借据。包括双方的姓名、借款金额、期限、利息（由被借人决定）等基本条款，并当场由双方签字。如果可以，还应该邀请一位第三方见证人，签字生效。

第三，当你将钱借给对方时，一定要了解其借款用途是否合理。如果明知借款人是为了赌博、走私等非法活动向你借款，你还借给他，那就属于违法借贷了。这样，就算你们之间签署了借款协议，也不能受到法律保护；甚至借你钱的人做了违法的事后，你也可能被追究责任。

职场中和你朝夕相处的同事来自不同的地方，需要互帮互助才能将事情做好。但同事就是同事，不是亲人，因此当涉及到金钱的时候，更应学会保持一定距离。

职场小提示

★如果能避免借钱给同事，就尽量避免。不是你吝啬，而是出于对友谊的保护。

★当你将钱借给对方时，首先要记下钱数，并说明要对方什么时候归还；其次要考虑自己能不能较轻松地拿出这笔钱，或者借出这笔钱后对自己的生活会造成什么影响。

43. 其实我也很关心你的

——但我并不想了解你的私事

和人相处是一门艺术，职场上更是如此。懂得和不同关系的人保持适度距离，有助于你的职场发展。反之，如果把握不好职场距离的分寸，则可能影响到你的职场形象，甚至职业前途。

在职场中，一定要做到公私分明。无论你和同事的关系多么亲密，一旦涉及到私事，千万不能随意告诉同事，否则你很容易将自己置于一种很尴尬的境地。

张舒扬和公司另一个部门的海丽关系比较好，两个人经常一起聊天。有一天，海丽在上班时间突然来找张舒扬。

张舒扬感到很奇怪，问："你有急事吗？现在可是工作时间。"

海丽说道："没事，我在楼上待着太闷了，就想找你。哎，告诉你，我准备开个咖啡厅。"

"哦？"

"我听说你表弟就是开咖啡厅的，我现在需要几个做点心、煮咖啡的人，可是在这方面又没有熟人，所以想请你帮我开个口，让你表弟为我介绍一些人。"

张舒扬一愣。海丽继续说："我知道，你表弟很能干，你就做个中间人，帮我引荐下吧，等我的小店开张之后，我请你免费喝咖啡。”

海丽还在滔滔不绝，但张舒扬手头还有很多工作要忙，而且，她对海丽的私事不太感兴趣，就不想再听她继续天南地北地说下去了。

于是，她对海丽说：“其实我也很关心你的事。”

“那你记得帮我介绍一下啊。”海丽高兴地说。

“知道了，先回去工作吧。”

没几天，海丽见张舒扬没有动静，按捺不住想再去问问她。她刚准备去找张舒扬时，就被经理给叫住了。

“海丽啊，听说你打算开个咖啡厅？”

“我……”海丽脑海中第一个想到的就是张舒扬，因为她只跟张舒扬说过。

“你梦想挺大的，不过你不担心会影响工作吗？”经理问。

“我，我就是说一下而已。”

“工作为主，你回去吧。”

回到办公室后，海丽感觉到经理处处为难自己：总催问自己的工作进度；稍微出点错，经理就对她大发雷霆；有时候周末，经理也特地打来电话要求她加班。

一周后，海丽主动辞职离开了。

同事们在办公室里聊天，有时只顾说得痛快，也不看对象，事后往往懊悔不迭。可惜说出去的话如同泼出去的水，再也收不回来了。殊不知职场如竞技场，谁都可能成为你的对手。别人对你知道得越多，竞争时打败你的可能性就越大。

和同事聊私事后，一不小心就会产生矛盾。一旦双方想得不一样，就很容易造成一些不必要的伤害。比如故事中的海丽，她将自己的私事告诉了好同事张舒扬，但张舒扬却对此毫无兴趣。所以张舒扬说：“我当然很关心你的事。”其言外之意就是，我可没空管你的私事。因为张舒扬知道，海丽想开咖啡厅，不过是个想法，一切都是纸上谈兵，而且也许会因此给自己的表弟带来很多不必要的麻烦。她既不想让表弟牵涉其中，也不想得罪海丽，所以用“我当然很关心你的事”来委婉拒绝了。后来，也许是不想再被海丽的“私事”干扰到工作，张舒扬甚至将事情告诉了经理。而最终结果，就是海丽被迫辞职，为自己的所作所为付出了代价。

那么，在职场中，怎么才能做到公私分明呢？

首先关于公事。在工作中，首先要做好自己的分内事。如果没有上司的特别指示，最好不要主动帮助同事完成工作，以防出了差错，同事怪罪到你。

其次关于私事。不要把私人事情带到工作中来。有一句话是这样说的，“生活中一半是麻烦，另一半是在处理麻烦”。的确，每个人都会遇到各种烦恼，但如果你将生活中的烦恼带到工作中来，难免会影响工作情绪。一个上班想着个人私事、整天心不在焉的员工，工作的时候又怎能一心一意呢？其工作效率和质量必定会受到影响，而这样的下属，也必定不会让上司放心。

职场小提示

★说话要分场合，职场上的人自然要说职场上的话。“公私分明”是一条在任何时候都有效的游戏规则。

★办公室里不能乱说话，不要掺和私事。把私事拿到公司来讲，他人没兴趣会让你扫兴，他人感兴趣可能对你更不利。

44. 你总能吸取大家的意见

——难道你自己就没有主见吗

生活中，常有这样的事。有人看到别人穿的衣服好看，就跟风去买，结果穿后不伦不类；有人见到大街上流行什么，就将“流行”带到了办公室，结果与职场氛围格格不入；有人见别的同事做什么，自己也跟着做什么，结果人云亦云害了自己。这样的人，就是缺乏主见。

有主见的人，才会掌握自我，而不是被别人牵着鼻子走。人一旦失去了主见，就像拉磨的驴一样，整日机械地忙碌，却不知为何而忙。作为有思想的高级动物，我们在职场中更应该坚持自我，有自己的主心骨。

小杏从小就没有主见，总喜欢听别人的意见，常常是别人要她干什么她就干什么。偶尔自己心里有了想法，也总是败在朋友们的“花言巧语”之下。后来，小杏进了职场，依然是个没有主见的人。

一天，小杏穿了一条漂亮的裙子到公司。同事张山看了，撇撇嘴说：“裙子很好看，就是你穿太大了。”小杏按照张山的意见将裙子改小了。可是当她再到公司的时候，王逸看了又说：“小杏，这裙子怎么被你改变形了？你还是别穿了。”小杏又听了王逸的意见，再也没有穿过这条裙子。

“小杏啊，你总是能吸取大家的意见。”同事赵丽娟说。

“大家的意见都很重要。” 小杏不好意思地笑了笑。

一天，上司要求小杏修一幅图。图修完之后，小杏很满意，可她还想听听同事们的想法，就把图拿给同事们看。

“这是什么图？颜色一点也不鲜艳！”赵杰说。

小杏赶紧修改。

“哪里像木头，分明就是被染料弄脏的一张纸。”童丹丹说。

小杏赶紧修改。

“你们说得都不对，依我看，放大字体，突出公司主题才重要。”周语说。

小杏又赶紧修改。

就这样，一个下午的时间，小杏将时间都用在了修改上面。直到上司问她，她才将 改好”的图交给了上司。然而，看到图之后上司却气急败坏：“小杏，你这都是什么！完全改变了这幅图本来的意思！！”

最终，小杏被要求加班重新修图。可她还是很纳闷，我这是综合了同事们的意见，为什么上司还不满意呢？

没有主见的人，往往不成熟、不自信。就像故事中的小杏，凡事总喜欢被别人左右，结果弄得自己所适从。

当同事赵丽娟对她说：“小杏啊，你总是能吸取大家的意见”时，其实并不是真的在夸奖小杏。因为，一个真正善于吸取大家意见的人，不会盲目行事，而会从大家的意见中吸取精华，从而完善自我。但小杏显然不是这样。别人说什么，她就怎么去做，从不动脑子想想到底为什么。遇到这样的下属，上司当然会气急败坏了。

每个人看待事物的眼光都不同，想法也不同。假如小杏能正确地对待别人的建议，通过自己的理性分析再做出决策，而不是盲目地相信别人，那就不会让上司失望，更不会让自己左右为难了。

父子骑驴的故事，讽刺的也是没有主见的人。

有父子俩牵着驴进城。半路上，有人嘲笑道：“真笨，有驴不骑！”于是，父亲让儿子骑上驴，自己则牵着驴走。

不久，他们又遇到几个人，这些人指着骑在驴背上的儿子骂道：“真是不孝子，竟让自己的父亲走路。”父亲赶紧让儿子下来，自己骑到驴背上。

刚走没多久，又有人说：“你这做父亲的真狠心，也不怕累死孩子。”父亲赶紧将儿子拉上了驴背。

谁知这回又有人说：“两人骑着驴，不怕把瘦驴压死？”

父子俩赶快溜下驴背，将驴子的四脚绑起来，用棍子扛着走。没想到经过一座桥时，驴子感觉到不舒服，使劲挣扎，却掉进河里淹死了。

德纳姆说：“我们决不可被盲目所左右，每个人都有他自己的见地。”而这对父子，却因为盲目听从旁人的意见，结果失去了一头驴。

从之前的两个故事中可以看出，一个人生活在世上，随时随地都会面临选择。你不可能让所有人都满意，一个有主见的人不应随波逐流，永远跟在别人后面走。

鲁迅曾劝林语堂少写多译，但林语堂没听。如果他听了，那就写不出那么多动人的散文随笔了。所以对别人的意见，即使是像鲁迅这样目光如炬的伟人的意见，也只需参考而不要盲从。因为别人不是你，对你的了解自然也不如你，所以给的建议不一定准确。

那么究竟如何做才能有主见呢？

首先，不要盲从别人的意见和建议。尤其是对自己的事，应该先有一个主意，再询问别人的看法。主见也意味着对他人的意见进行合理的筛选和归纳。

其次，扩大自己的知识面。多读书，读好书，这样你说的话才有分量，才能得到别人的认可，不被别人三言两语就牵着鼻子走。

第三，要想成为有主见的人，就先让心理成熟。年龄并不能完全决定一个人成熟与否，成熟是一个人阅历和经验的积累。一个人有了一定程度的积累，在待人处事时才会多方面看问题、分析问题。一个成熟的人，决不会盲目听从他人的意见，而会想方设法寻求解决问题之道。

哈利法克斯说："借用别人观点的人永远也偿还不了这笔债务。"人不是因为想有主见才变得有主见，而是因为他知道自己在做什么，才变得有主见。

职场小提示

★每个人都不相同，大家的性格、能力、经验也各不相同。我们只有充分认识自己，依靠自身的潜能去发展，才能成为有主见的人。

★有主见并非要你不听别人的劝告，而是当你面临抉择时，要保持大脑清醒，不要人云亦云，学会自己做出思考和判断。

45. 我会把它临时加进工作中

——可恶，你为什么不早一点告诉我

思维缜密、考虑周全的人，我们都乐于与之打交道。因为和这样的人合作令人比较放心，不会轻易发生让人措手不及的事情。

职场上，经常有一些工作态度不够严谨的人，每当工作进展到了关键的时刻，他总是突然说："哎呀，我忘了一件很重要的事情！"于是，大家不得不改变原来的进度，重新调整工作内容以适应他。这样的人，恐怕谁也不愿和他合作。

林东在大学时学的是很热门的市场营销专业，毕业后应聘到当地某知名食品企业，做了产品部经理助理。

公司的知名度很高，但是终端销售的业绩却不太理想。营销总监在深入调查后，交给产品部一项任务：设计一款促销品的包装并制定相应的促销计划。林东被选中参加设计团队，与部门资历最老的刘洋一起负责产品在华北地区的一系列促销计划。

为了制定出最佳方案，刘洋和林东在研究了华北地区市场部、经销商、推销员等提供的多份销售资料后，决定再去几个城市实地了解一下各地的消费习惯，有针对性地制定促销计划。由于时间紧、任务重，刘洋和林东没有一起行动，而是分别去了不同的城市，约好一周之后回公司，一起研究方案。

实地考察进行得很顺利，一周后两个人都出现在公司。刘洋是主要负责人，他把林东提供的调查报告拿过来，认真总结之后，开始做整个促销计划。经理来询问工作进展情况时，刘洋表示工作进行得很顺利，一定能在规定时间内把促销计划上报给公司。这时林东忽然想起来还有一些重要数据忘了交给刘洋，忙连声道歉，并问刘洋现在补交是否会耽误他的计划制订。刘洋强装出笑脸说：“没关系，我会试着把这些数据插到调查资料中。”

任务完成后，公司对他们的工作表示认可，还给了设计团队特别的奖励。这次经历后，林东觉得自己要大展宏图了。可是不管是上司还是刘洋，都不再像以前一样给他“展示”的机会，很多没什么价值的常务性工作开始经常出现在林东的办公桌上。林东就这样“失宠”了。

我们在与人合作时，都希望对方和自己一样，能前提把工作做好，以免出现工作进展到一半却需要临时改动的状况，打断原计划。因为进行重新布局是一件让人很懊恼的事情。在工作中，如果因为你的失误而耽搁了整个团队的工作进度，大家就会对你产生意见。也许碍于面子不好意思直接责备你，但是心里会认为你做事缺乏严谨性，考虑不够周全，以后会尽量避免与你合作。

故事中的刘洋与林东就是典型的例子。按照原计划，两个人分别展开调查，再由刘洋汇总，最后做出产品促销方案。可是林东竟然忘记把一些重要的数据给刘洋了。当刘洋说：“我会试着把这些数据插入到调查资料中”时，他虽然表面没抱怨什么，但他的真实意思却是：“你为什么不早点儿交代呢？真会挑节骨眼。”自此刘洋不敢再和林东合作，而林东也因为这次失误影响了职业发展。

一般情况下，如果对方说“我会试着”、“我尽量”、“也许我可以”

等话语，即表示他的内心比较纠结。因为你的“半路拦截”让他有些措手不及，他又不能把火发到你身上，只好忍气吞声先把工作中出现的漏洞补上。如果确实已经发生了失误，你应该及时和同事们沟通，把问题解释清楚，还要主动承认错误并承担相应的后果，切忌推卸责任，否则只会让同事们给你的人品减分。

想要在工作中避免这类事情的发生，就需要在平时培养自己的严谨性。做工作时不可马马虎虎、大大咧咧，而要有计划、有步骤地进行，并在工作的过程中不断检查是否有漏洞，逐渐养成严谨的工作习惯，如此就不会轻易给合作的同事“惹麻烦”了。

职场小提示

★当你的失误影响了团队的工作进度时，不要认为对方说“我会试着把这件事情插进工作进度中”是原谅你了，他只是不好当面发火，其实心里在想：“怎么搞的，为什么不早点交代？”

★工作中出现错误，要尽早和同事们交流，以免让大家措手不及。要主动承认错误，并承担相应的后果，这样才能得到同事们的谅解。

★在日常工作中要注意培养自己严谨的工作态度，免得遇到重要问题时出现失误。

46. 我不确定这样是否能执行

——你这是什么烂方法啊，根本就行不通

同事不同于朋友，因此在和同事们交流时要注意自己的言辞，以免让对方产生误会。尤其是对待和自己合作的同事，更要小心谨慎，否则可能影响正常工作的进展。

人多少都有点自恋，经常觉得自己做的就是最好的，但真实情况往往不是这样。当与你合作的同事提出一个意见并且洋洋自得，但这个意见依你看来有不足之处时，你所要做的就是委婉地说一句："我试试吧，但不确定这样是不是能够执行。"如果对方足够聪明的话，他就能听出你的话外音："你这是什么烂方法啊，根本就行不通。"不过也可能有的人听不出你的讽刺意味，还希望你按照他的说法去做，遇到这种情况就很让人抓狂了。

G公司最近接到一个大项目，需要公司的几个部门共同配合才能完成。首先需要市场部调查市场，然后将收集到的资料整理出来交给策划部，策划部再据此拟出具体可行的方案，然后再由公司其他部门共同执行，最后完成整个项目的工作。

市场部的员工们经过半个月紧张的工作，终于收集到了一些可靠的资料提交给策划部。三个星期后，策划部的方案也出来了，看过方案后各部门都表示赞同，且很快都投入到工作中。

在执行过程中，销售部的李部长遇到了一些障碍，于是他就销售方案的小问题，和策划部的赵部长有过几次交流。

“赵部长，您看这个方案可不可以稍微改动一下，否则我们执行起来会有难度的。”

赵部长看了看，笑着说：“嗯，的确有点问题，您提的意见很好，我们会修改的。”两天后，赵部长拿着新方案来到销售部，高兴地说：“李部长，看看我们的新方案，这回您应该比较满意了。”

李部长仔细看了看新方案，眉头皱了一下，若有所思地说：“我试试吧，但不确定这个方法是否能够执行。”

李部长笑着说：“这是我们的精英策划的方案，肯定没问题，您就大胆地去做吧。”

李部长表面答应着：“嗯，我们会尽力做好。”但他心里却有点发愁，因为觉得这个方案的可执行性依然不高。不过他不好再向赵部长提意见，免得让对方不痛快。

在执行方案的过程中，李部长真的遇到了不少小困难，但他没有直接和赵部长沟通，而是悄悄地改动了一下执行的方法，最后解决了问题。

项目完成后，赵部长在庆功宴上对李部长说：“怎么样，我们的方案很合理吧。”

李部长笑了笑，道：“是的，的确很合理。”其实他心里却在想：“要不是我暗中改动了一下工作计划，恐怕现在我们就吃不到庆功宴了。”

面对赵部长肯定的说法，李部长只好说“我试试吧，但不确定这个方案是否能够执行”，其实他的意思是：“你的方法根本就行不通。”不过他不能直接这么说，否则会伤了同事间的和气。好在他在执行方案时懂得变通，最终没有影响工作大局。

如果你在工作中出现了这种情况，可以采取两种方法，一个是像故事中的李部长一样，接受对方的说法，然后尽力配合，并在执行的过程中略做修改，这样既不伤和气，也能够把工作做好。当然，你也可以想办法让对方继续修改出一个可行的方案，不过这需要你有很好的沟通技巧。

当然，你也有可能会遇到十分自恋的人，总是认为自己的就是最好的，容不得别人提意见。面对这样的伙伴，你就需要用事实说话了。等看到自己的方法真的行不通后，他才会重新考虑你的观点，修改工作方案。虽然这种做法可能暂时会给公司带来一些不好的影响，但从长远的角度看，却是有利于工作开展的。

如果说出“我不确定这个方案是否可行”这句话的人是对方，那么你就要认真考虑一下，是不是自己的方法确实有不足的地方。如果查找到不足就要马上改正，积极配合对方的工作，这样才能给公司带来更好的效益。

职场小提示

★当你和同事的观点发生分歧时，尽量不要直接指出对方的不足，应该委婉地提出自己的意见。如果对方不肯采纳，那就想办法在执行的过程中做一些细小的改动，总之不能影响工作。

★如果对方说“我不确定你的方法是否可行”时，你要考虑一下，是不是自己的方法真的有问题，因为对方的潜台词是，“你的方法是行不通的”。如果发现是自己错了，就要虚心改正，好好配合对方。

第四章

巧用话外音，一手掌控谈判主动权

职场中，我们经常会面对一些谈判。谈判的最高境界是实现双赢，双方愉快合作。在谈判过程中，对方想表达的意见、想法或者是不满、拒绝等，通常都不会直接说出，这时就需要你仔细揣摩语境，猜测对方语句背后的含义，争取早日达成共识，取得谈判的胜利。

47. 我以前没有听说过你们公司的名字

——你应如何介绍自己的公司

正所谓，知己知彼，百战不殆，这一点在商务谈判中也尤其重要。你了解对方越多，就越能掌握谈判的主动权。

广州A公司商务谈判组于26号到北京，与H公司商谈一笔交易。

谈判开始前，双方主要谈判员先进行寒暄。突然，A公司的谈判员张浩笑着说："在这之前，我以前好像没有听说过贵公司。"

"这没有关系。我方可以为您详细介绍。我公司属中美合资企业，公司成立于1998年，是一家集炼铁、炼钢、轧钢为一体，具备年产铁、钢各600万吨综合生产能力的大公司。我公司拥有总资产240亿元，在职员工近14 000人。"H公司的李林明流利地吐出一大串介绍词。

"有销售方面的具体数字吗？" 张浩也不是谈判新手，他知道，有的公司就知道拿一些固定的数字显示优势，但这些数字并不能说明什么。

"我公司2010年公司产铁850万吨，产钢703万吨，产材549万吨，实现销售收入350亿元。" 李林明胸有成竹地说。

"看来你们业绩不错。"这样的成绩在整个行业来说，还算可以。张浩心里很清楚。

"多谢夸奖。希望今天的谈判愉快。"

“好的。希望我们合作愉快。”张浩心里也对这次谈判充满了期待。

在谈判前，不仅要了解对方的谈判目的、心里底线等，还要了解对方公司的经营情况、行业情况、谈判人员的性格、对方公司的文化等。这样可以避免很多因为不熟悉而产生的谈判障碍。

既然双方已经准备进行谈判了，对方当然应该对你们公司的情况有所了解。此时，如果对方还对你说，“我没听说过你们公司”，很明显就是在“摆架子”。他只是想让你给出一个理由，让他更加确定与你们合作将会是一个良好的开端。因此，你此时要做的就是详细地介绍一下自己的公司。对方让你介绍公司的目的包括了几点：一是从你对公司的介绍，可以看出你的业务熟练度；二是通过从你的角度介绍公司，可以从另一个侧面了解你们公司的更多情况；三是节约时间，在短时间内了解你们公司的各方面的实力，为今后的合作奠定基调。

那么，在准备商务谈判前，你应该如何介绍自己的公司呢？

首先，提炼精华的陈述，为对方介绍公司的基本情况和实力。

商务谈判前的公司介绍，一般在双方的接触到达一定程度时才会进行。因此很可能对方对你们公司已经有了解了。他们让你介绍公司，是为了重点了解销售业绩或者实力排名等实际情况，而不是听你说公司的总体情况。因此在介绍时，你应该分出轻重，突出公司的竞争优势，其他内容，如对方没有明确要求，则不提或一带而过，不要占用太多时间。

有的人因为期待谈判快点开始，因此想在介绍时把公司情况尽量说得更完整，所以就把所有情况笼统介绍一遍。然而，参与正式谈判的人，大多有一定的级别，他们可能不喜欢听你的长篇大论。尤其是如果你因为担心时间不够而加快语速时，更会给对方留下紧张、气场不够强大的印象。况且短时间内的信息量太大，也不见得对方能吸收。

其次，介绍重点，给人留下深刻印象。介绍公司时，可以从公司规模、地位、实力、客户数量、行业经验、研发能力、解决问题的能力等方面“下手”，但不要面面俱到，平均用力。

第三，口头介绍。有人介绍公司时，会将公司历年获奖证书一张张拿给对方看，但实际上，如果不是对方要求的话，最好不要用这种方式介绍。因为，站在对方的角度，这样的介绍方式不过是一种包装手段，并非实质性内容，说得太多，容易让人觉得不实在，效果适得其反。

第四，别忘记更新资料。最尴尬的是，当你为对方演示 PPT 或者分发资料时，明明已经到了到了 2013 年，但公司资料上的案例依然是 2006 年的。这样对方难免怀疑，是不是这几年来，你们公司都没什么发展？所以，向对方进行面对面介绍时，一定要注意更新资料。

第五，是什么情况，就怎么介绍，实事求是。有的介绍人员对公司某些情况不太清楚，但又为了让对方信服，因此，口头介绍时故意夸大其词，殊不知这样的介绍属于硬伤，是一种很危险的表达，会让人认为你不够专业也不够诚信。

经常介绍公司的人，可能会因为介绍次数过多，对不断重复的内容失去了感觉，缺少激情，让听的人以为你缺乏自信。试想，一个人在介绍公司时缺乏自信，没有一种从事该行业的引以为荣的自豪感，又怎样让对方感受到你所在公司的成就呢？因此，在介绍之时，要调整情绪，让对方感受到你的诚恳、专业和信心。

职场小提示

★在做公司介绍时要知道对方最想了解什么，并抓住重点介绍。

★要选择最能打动人的关键点集中力量讲述。

★好的介绍是告诉客户我能为你做什么，而不是我有多好。相同内容用不同方式介绍，效果也不同。

48. 你们的价格并没有优势

——我想要你们给出最低的报价

商务谈判中，讨价还价是难免的，也是正常的，有时对方提出的要求可能与自己的心理预期相差太远，就需要拒绝、否定。但高明的拒绝应审时度势、有理有节，让双方都有回旋的余地，以达到成交为目的。

一年前，中国M公司向美国C公司出口了一批橡胶产品。第二年，中方又向美方报价，希望继续供货。去年的成交价为2 100美元/吨，中方根据当时的国际市场行情，将报价下调了15美元/吨。美方感觉可以接受，并建议中方到美国签约，希望长期供货。

中方人员一行四人到了美方在纽约的公司总部。双方谈了不到20分钟，美方说："贵方价格并没有优势，请贵方参看美国的市场价格，我们两天后继续谈判。"回到饭店的中方人员感到很生气，他们认为被美方戏弄了。然而，人已来纽约，必须将谈判进行到底。

两天的时间内，中方通过有关协会收集到了美国海关处橡胶的进口统计数据，又调查了美国市场，发现中方给的报价是世界市场中的最低价。为什么美国人还要说他们的价格没有优势呢？中方谈判组一行人冷静分析了情况，终于找到了原因。

原来，美方认为中方已经到了本国，肯定急于签下合同回国，因此借机想讨到一个更低的报价。

既然美方想利用中方人员急于回国的心理压价，中方人员便决定在价格条件上做文章。他们决定，谈判时不仅要态度强硬，还要将价格上涨。

第二天的谈判会议上。

中方："我们的调查已结束。我方来纽约前的报价低了，应涨回到去年成交价位。"

美方："你们不应把答应降下去的价再往上调。"

中方："我们按照贵方要求调查了市场，结果发现应该涨价。这也是为了与市场价格保持同步，避免扰乱市场秩序嘛。"

经过几回合的讨论，美方终于同意按中方来纽约前的报价成交。中方成功地使美方放弃压价，顺利拿着合同回国。

李嘉诚曾说："如果一单生意只有自己赚，而对方一点不赚，这样的生意绝对不能做。有钱大家赚，利润大家分享，这样才有人愿意合作。"故事中的美方，开始时显然希望中方在价格方面再做让步。当他们说，"你们的报价并没有优势"的时候，其实是明知道中方的报价已经很低，依然想要更低的报价。美方以为中方急于拿到合同回国，不会真的去调查市场，因此用此话来刺激中方人员，希望中方接受更低的报价。然而，中方人员经过仔细分析后找到了美方不断压价的原因，通过"将计就计"，顺利"带动"美方按之前的报价签订了合同。

我们说价格虽然不是谈判的全部，但有关价格的讨论依然是谈判的主要部分。任何一次商务谈判中，价格的协商大概都会占据60%以上的时间，而很多失败的谈判也是因为双方在价格上的分歧导致不欢而散。

那么，究竟应该如何在谈判中给出合理报价呢？

首先，在第一次报价中，切忌报价过高。谈判可以说是一项妥协的艺术，成功的谈判是在你让步的过程中得到你所需要的。

有的谈判者一开始就给出了最高价，希望在谈判中和对方有更多周旋机会。然而，有时候，对方就是“不接招”，就不给你第二次报价机会。因为他们早被你的第一次高额报价 “吓坏”了。

比如，对方的心理价位是 5 万，你第一次报价是 10 万，或者 7 万，估计没有几个人愿意继续和你洽谈。当然，你可能会说：我们可以在谈判开始后告诉他们那仅仅是一个报价，最终成交价将不会这么高。然而，这只会给对方造成一个坏印象：这个公司的价格体系太过于混乱。一下降价这么多，是不是他们的利润空间太大了？我应该信任他们吗？一旦对方有了这种思维，就不会再信任你，甚至就算你最后真的给了他最低价，他依然会认为自己吃亏了，甚至还会在后期合作中寻求“补偿”。

无论以何种条件成交，最重要的是要让对方感觉到自己赢了。

还有很多谈判者，习惯在第一次报价时给对方最优惠价格，期待早日成交。但由于价格已接近底线，因此在后续谈论中，价格上无法让步。

就好比只有一个回合的乒乓球比赛，无论输赢，对手都会感到很无趣。

第二，在谈判中，最好给出两个报价，形成一个价格区间。一个超低价，二是正常价格。给予对方这样两个报价，能最大限度赢得他们的“初步认可”，获得“时间考虑”。通过报超低价格，让对方知道你们产品的市场竞争力；通过正常报价，让对方知道你们也有中高端产品，即各个价格阶段的产品都有。如此一来，可为后期合作奠定更好的基础。

职场小提示

★谈判中的报价环节是心理、智慧和技巧的对决，所以无论出现什么情况，都不要轻易亮出你的底价。

★合理给出两个报价，既让双方有继续谈判的空间，也给了自己后退的余地。

49. 你们的表述很清晰

——能给我们一点说话的时间吗

在商务谈判中，往往容易陷入一种误区，认为主动进攻才能赢得优势。谈判中，有些人总是在不停地说话，总想着将对方压下去，总企图多给对方灌输一些自己的想法，认为这样就能掌控谈判主动权。

然而，这样做容易导致自己在表述中说了很多，但语言松散，没有突出重点。这对谈判结果毫无助益。唯有尽可能让自己的语言变得简练，才能使想表达的关键意思不被淹没在拖拉冗长的语言中。

天津W公司需要购进一大批车用多媒体设备。在几经权衡后，他们决定与广州Z公司洽谈一下合作意向。

这天，W公司的谈判组到达广州Z公司，开始谈判。

“首先对你方亲自来我公司商谈表示感谢，希望双方能达成一致。”Z公司谈判代表薛涛与W公司谈判代表王兴握手。

“谢谢你们。我们这次代表公司来，欲向你们购买一大批多媒体设备。”W公司的王兴开门见山说道。

“很高兴你方选中我公司，你方具体需要哪方面的设备？”

“能否先请你方介绍一下你公司里现有的设备情况？”王兴之前已经对该公司的设备有所了解，但他想听对方亲口说一遍。

“好的。我公司新研发了新型车用操作控制系统：多媒体交互系统。当车上装备了我公司的多媒体交互系统后，你就能在显示屏和操作系统中，对所有娱乐信息进行统一操作。例如统一删除、全部播放、选择最常听歌曲播放等。同时，该设备还具有手势功能。也就是说，当你想要换歌，又正好在开车，不方便按动按钮时，只需要用用手轻轻一挥，就能实现播放歌曲、暂停、前进、后退等功能。”说完这些，薛涛顿了顿，看王兴似乎在写笔记，就继续介绍道：“我公司的多媒体交互系统共有两个控制区域，分别为终端操作装置和显示区域。终端操作装置位于换挡杆和中央扶手之间，显示区域位于显示屏上。在设计方面，这两个部分都具有清晰易读性……”

“我想你们的表述已经很清晰了。”王兴打断对方。他对这些从Z公司网站直接能看到的资料不感兴趣。

“我方希望清晰的表述让你方得到想要的信息。”客户似乎对我很满意嘛，薛涛暗自得意。

“我们希望你方再给我们一天时间，待具体研究后，我们再谈。”王兴不想在这里浪费时间，他还有一家备选公司，他要去那儿看看。

但后来，王兴并没有再次回到谈判桌，而是给Z公司发了一封邮件：“抱歉不能合作，期待下次。”

案例中，当王兴对薛涛说“你们的表述已经很清晰了”时，并不是在赞同其陈述有多么清晰明了，而是说他的表述太多，却并没有真正减少王兴的疑问。

在谈判过程中，你说的话越多，对方反而会越排斥。而且你说的多了，会挤占对方的陈述时间，让对方感到被冒犯，这样你们之间也很难达成协议。反之，如果能让对方多说一些，最好诱使其将心底的话都说出来，你再进行反击就有力多了。

那么，在谈判中，如何既掌握主动权，又保住合作机会呢？

首先是确定你的谈判态度。在商务谈判中，你会面对各种谈判对象，你不能对每个对手都采用相同的态度。你需要根据谈判对象和谈判结果的重要程度，来决定自己在谈判时所采取的态度。比如，是主动让步还是无可无不可？是尽量双赢还是寸土必争？等等。

其次，在商务谈判中，表面上看是两方在进行谈判，其实，还有一个隐形的“主持人”存在。这个“主持人”不是你就是你的对手。因此，你要争取做这个“主持人”，主动把握谈判的节奏、方向。

第三，要做到谈判时话语不多，但句句击中要害。语言尽量简练、针对性强，争取让对方大脑处于最佳的信息接收状态。如要表达的内容包含了过多信息，就要学会调节音调、音量等。比如，重要的地方提高声音，穿插一些问句，引起对方的主动思考，增强其注意力等。

职场小提示

★在商务谈判中，最好先找到一些双方观点都比较一致的地方，并表述出来。这样能给对方留下一种彼此更像合作伙伴，而不是竞争对手的感觉。

★真正好的谈判“主持人”不是用语言将对手逼到悬崖，而是用语言把对手引到崖边。

★在谈判中切忌使用模糊、啰唆的语言。这样不仅不能有效表达自己的想法，还可能让对方产生疑惑和反感的情绪。

50. 这件事情，我们还要商讨一下

——这件事并不是我一个人就能决定的

在某种程度上，商务谈判是双方谈判人员的实力较量，是刚毅的手腕和谋略的巧妙结合。谈判的成效如何，很多时候取决于谈判人员的专业知识和心理素质。但同时也要注意，商务谈判是一场团体交锋，单凭谈判者个人不能赢得圆满的结局，把握着最后决定权的，也不只是一个人。对方的谈判团队中也是如此。如果你分不清对方谁是“首领”，谁是“兵将”，就很难直击要害，取得谈判的胜利。

深圳某公司从杭州W汽车公司进口了大批货车，但在使用时发现了比较严重的问题，为此，深圳公司向W汽车公司提出赔偿要求。

“我方从你公司处购进大批货车，现在出了这么大的问题，我们要求赔偿。”深圳公司谈判员严肃地对W汽车公司谈判员提出要求。

“根据我们当时的协议，货车的质量是由您方技术人员亲自验收的。”面对如此大额的赔偿，W汽车公司的代表也很谨慎。

“我方只负责验收，但发货并非由我方监督。”

“你方验收后，我方第二天就进行发货。这个时间，我方不可能调货。”

“目前由于你方产品问题，已经给我方造成了巨大的经济损失。我们不能单方面承受。你方需要承担三项责任：①确认出售给我方的全部货车为不合格品，同意全部退货，更换新车；②新车必须重新设计试验，并请专家检查验收；③在新车未到之前，我方对旧车进行加固后继续使用，你方提供加固零件和加固工具。”深圳谈判员直截了当地提出要求。

“关于责任问题，我们还需要商讨一下。”一下面对这么多补偿条款，W汽车公司的代表依然没有明确表态。

可惜，这次谈判并不成功。两天后，杭州W汽车公司宣称，他们不同意承认全部责任，并计划重新安排谈判组，另寻时间谈判。

商务谈判的过程实际上就是不断沟通、创造价值的过程。一个好的谈判者并非寸步不让，而要与对方充分交流。故事中，在责任还未清晰界定的情况下，深圳公司的谈判员就一口气抛出多项要求，结果W汽车公司的谈判员一概不接招。当W汽车公司的谈判人员说“我们还需要商讨”时，就意味着在这次过程中，谈判者本人并不是最终决定者，他还需要与团队商讨，才能给出对方答复。

在谈判时，有时无论你再怎么努力也无法说服“对方首脑”时，应该迅速转移目标，向“对方组员”展开攻势。让“对方组员”了解你的主张，凭借他们来影响“对方首脑”。也许这样的过程会谈得比较辛苦，但也是谈判成功的可行之路。

职场小提示

★“对方首脑”是在商务谈判中需要特别留意的人物，但也不可以因此忽略了“对方组员”的存在。

★谈判中，不要用言语逼迫对方，口舌之争无益于谈判结果向好的方向发展。

51. 你们的信息并不准确

——老天，你们怎么知道这些信息的

在中国，很多企业之间的谈判都是以产品知识为核心，通过了解产品的生产原料、制作过程等情况来估计产品的成本和价格。这种谈判方式比较准确，但学习起来却很复杂。如果公司想要培养一个能够熟练掌握产品知识谈判方式的专家，需要花费很大的精力，难度比较大。和了解产品知识相比，掌握对方的数据就比较容易了，有的公司已经能够通过数据库来掌握对方的各种信息，通过这些信息，谈判者可以清晰地了解谈判对手公司的各种情况。

P集团是一个知名的国际集团，很多公司都争着与其合作。这一次，P集团要订购一批电动车，而有幸被选中的合作伙伴是中国的一家制造商。

这家制造商的黄总知道这个消息后非常兴奋，他决定宁可少赚一点也不能放弃与P集团这样的大公司合作的机会。很快，双方就合作的事情安排了谈判。

谈判初期进行得很顺利，主要聊了一些产品在制作过程中的要点以及原材料的选择等等。在谈到产品的价格时，黄总给出了行业的最低价，并且笑着说："我敢保证，没有人敢把价钱开得这么低，与我们合作，贵公司一定会非常满意。"

没想到对方却简单地笑了笑，说："可是，据我们所知，您开出的价格还是有些高了。"

黄总听了很诧异，道："怎么可能，我开出的可是成本价，再低我就要赔本了。"

"这样吧，我们另开一个价，如果您觉得合适，我们就合作。"

黄总一看，P集团开出的价格刚好是成本价。他有点着急了，说："你们的价钱太低了，我们根本没有赢利的可能，这样的合作是不平等的。"

对方笑着拿出一份数据，黄总一看，全部是产品制作原料的成本以及业内各种详细的信息，他的脸色顿时由红变青，放慢语速说："你们的信息并不准确。"

P集团的谈判代表道："这是我们从可靠渠道获取的数据，不可能出现错误。而且，即使按照我们开出的价格签约，贵公司依然会有一部分利润。"黄总听后脸色更难看了，他没有想到对方已经掌握了如此准确的详细信息，这让他在这次谈判中显得很被动。

最后，为了保护公司的利益，黄总忍痛拒绝了这次合作。

在现在的商业谈判中，数据的作用越来越大了，很多人在谈判前都会从各种渠道搜集数据，来判断产品的成本，从而向对方压价。如果你拿出了详细数据，而对方说"你们的信息并不准确"，但又没有提出修正的意见，那其实他心里准是在想，老天爷，他们是怎么知道这些信息的！

一般情况下，供应商在谈判的过程中会提供产品信息、企业支持、利润分析等资料，但这些资料还不足以满足对方的需求。为了得到更多的优惠，对方会想办法收集到更多的信息，从而在谈判时压低价格。而数据库就是最好的信息来源之一，它能反映出整个行业的发展情况，通过数据库，也可以对某家公司的经营情况有较准确了解。

商业数据库的历史并不悠久，但作用却很大。商业数据库可以为大家提供一些大众化的服务，内容很丰富，提供的信息也比较准确。随着时间的推移，数据库的性能和便捷性也在逐渐地提高。目前比较常用的商业数据库主要有美国 IBM 公司推出的 DB2、Oracle、Informix、Sybase、SQL Server、PostgreSQL 等等，其中稳定性较好、导入数据功能较强的数据库是 Oracle，而使用方便、比较受大众欢迎的数据库是 SQL Server。这些数据库各有千秋，而且都能够提供较全面的信息。在进行商业谈判时，可以适当运用数据库来了解行业的情况，以便在谈判的过程中成为主动的一方。

在行业信息已经被对方获取的情况下，如果想在谈判时争得合作机会，同时又不给公司带来损失的话，只能靠谈判者的随机应变及谈判技能和能力积累了。而从长期看，则应该想办法提高生产效率、降低成本，这样才能在竞争中生存下来，同时也可以推动整个行业的进步。

职场小提示

★当对方获悉你们公司的详细信息时，要从容面对，努力维护公司的利益。如果对方的条件过于苛刻，可以考虑放弃这次合作机会。当然，如果你接受了对方的条件，也可以通过采取提高工作效率、降低成本的办法来进行补救。

★在谈判之前应该运用数据库对对方的情况进行详细地了解，摸清对方的优势和弱势，从而在谈判中掌握主动权。

52. 这一点你们可以不用考虑

——如果你们考虑了，我们合作的机会更大

在进行商业谈判时，对方会提出很多要求，其中有一两点对方会特别强调，但是他们又不愿直接表达，而是隐晦地说：“关于这一点，你们可以不用考虑。”其实对方非常希望你能按照他的要求做出调整，而且如果你采纳了对方的建议，你们双方合作成功的几率就会更大。对于擅长谈判的精英来说，快速领悟对方的需求是他们的基本能力，而且他们还会灵活地应对对方提出的各种条件，既让对方高兴，也能维护本公司的利益。

Y公司生产的汽车外板一向以质量好著称，这一天，又有一家汽车公司要与他们合作。Y公司的郑总已经准备好了谈判的资料，期望在谈判时能够为公司争取更多的利益。

这次的谈判对手是汽车公司的唐总，他是个成熟稳重的人，彬彬有礼，说话时很注意言辞，给郑总留下了不错的印象。

“郑经理，贵公司外板的质量的确是没的说，但是，形式是不是有点单一？”唐总在和郑总交谈了半天后问道。

“你是说我们公司的外板应该出新的样式？”这个问题从没人提过，所以郑总乍一听觉得有点奇怪。

“哦，我只是随便说说，这只是一件小事，您可以不用考虑。”唐总笑着解释道。他说完后马上端起茶水喝了一口，而且之后他的态度变得有点冷淡，好像只是在敷衍。

郑总意识到他态度的转变后，马上笑着说："其实，我也发现我们公司的外板有点太古板了，质量不错，但看起来都一样，没有什么新意，早就该改革了。只是一直没有人提出来，我又怕因为换了风格会影响客源，所以就耽误到现在。"

唐总听了高兴了许多，态度又积极起来："是的，我也是害怕提出来您会不高兴，所以刚才就没有再提这件事。其实，我建议您用这样的形式，现在很多消费者都喜欢。"说着，唐总便递给郑总一个图样。

郑总接过图样，心想：连图样都给我准备好了，真是有备而来啊。他仔细看了看图样，发现目前公司生产这种样式的外板还有一些难度，就建议说："可不可以把图样改得简单一点？我们刚开始改变，恐怕一时很难达到您理想中的效果。"

唐总笑道："这个自然没问题。"

于是他又拿出了一个难度稍小的图样给郑总，郑总看后点点头，说："好，就这个图样吧，谢谢您给了我们一次改变的机会。"

唐总听了很高兴，这次谈判也以双方签约而愉快地结束了。

如果郑总没有答应唐总的条件，恐怕这次谈判不会这么顺利。在进行商务谈判时，要斟酌对方的语意。有时对方的要求有很多，但他会着重提出一两点供你参考，而这一两点就是最重要的，也是你必须考虑的。如果对方说"你可以不用考虑这一点"，那就是在暗示你，如果你不考虑这一点，我们的生意就不用再谈了。所以，在谈判时要特别留心对方的话语，注意搜索重要信息，否则就可能错过一次合作机会。

如果对方在谈判时提出了新的要求，而这个要求你之前并没有考虑过，那就不要盲目地做出承诺。首先要考虑对方的要求是否合理，如果合理，你可以考虑一下本公司有没有能力完成。当然最好是尽量努力去完成，这样不论是对这次合作还是对以后公司的发展都有很大的帮助。而如果对方的要求有些苛刻，以本公司目前的实力无法完成，那么你可以委婉地拒绝对方的要求，以免给本公司带来过大的压力。不过，如果你很想争取到这次合作机会，就可以试着让对方降低一点要求，最终达到一个让双方都能够接受的程度。

对方提出要求时，你应该认真分析一下这个要求的真实性。如果对方是在谈价钱的时候提高了要求，那么这个要求可能是用来逼迫你让利的幌子。这个时候你应该果断而委婉地拒绝对方的要求，不能因为想要争取这次合作机会就做出有损自己公司利益的决定。

其实，除了降价外，如果公司有能力，应该尽量去满足对方的要求。如果对方能因此而让利给本公司的话，你更要考虑接受对方的要求。不论对方提出的要求是技术上的还是质量上的，从长远的角度来讲，都会对本公司有利。合理地满足客户的需求，不但能够争取到一个合作伙伴，还可以让本公司在业内更有竞争力。因此，应该善待对方提出的合理的、具有挑战性的要求。

职场小提示

★在谈判时要注意搜索谈判过程中的重要信息，认真领会对方的语意，并灵活应对，以免错过一次合作机会。

★对方提出要求时，你不能因为想要争取这次合作机会就盲目地向对方做出承诺，要充分考虑这个要求的合理性和真实性。如果对方的要求不合理而且只是强迫你让利的幌子，那么你可以委婉地拒绝；如果对方的要求不是很过分，而且本公司也有能力完成的话，这个要求就应该考虑接受。

53. 你看，我们已经妥协很多了

——我们不会再让步了

谈判双方经常为价格的问题而争论不已，每一方都希望对方能够给自己让利，但对方也在等着同样的结果，于是就出现了僵持不下的局面。如果双方处理得当，各让一步，那气氛就会缓和很多，但倘若双方都剑拔弩张，谁也不肯松口，局面只能变得越来越僵，谈判的过程也会很不顺利。

H公司和L公司已经为价格的事情谈了好几个小时了，双方一直不肯让步，气氛一度闹得很僵。

H公司的刘总一脸严肃，脑子里不停地盘算着怎么让对方屈服，额头上渗出了细细的汗珠。L公司的杨总虽然神情自若，却经常端起茶杯喝茶，而且眼睛一直盯着茶杯，好像杯盖上写着解决问题的办法一样。

冷静了一段时间后，H公司的刘总开口说话了："我们之前也合作过，而且合作得很愉快，不应该出现今天这样的局面。"

杨总也意味深长地说："是啊，从前你们的要求并不高，为什么现在却提出了这么高的价格？"

刘总说："我们公司的生产水平已经提高了，能在你们规定的时间内完成任务，应该得到更高的价格。"

“可是贵公司的同行们都在进步，这是一个必然的趋势，而且其他的公司也没有提出更高的价格。”杨总道，“而且，你看看我们给出的价格，其实已经向你们做出妥协了，这个条件别的公司是不会给你们的。”杨总说完后还刻意指了指合同上的数据，意思是，“你看，我明明已经给你让利了，我已经让步很多了。”

不过，刘总并没有把这点小利润放在眼里，他坚信，根据本公司的实力和名气，完全可以得到更高的价格。

“咱们应该遵守等价交换的原则，我们公司的生产效率高，而且产品质量好，付出的努力是同行所不能比的，所以，我们有资格提出更高的价格。”

杨总则一直强调自己已经做出让步了，双方又一次陷入了僵局。

在谈判时，对方都喜欢说“我们已经妥协了”、“我们已经让利了”，其实谁也没有妥协，而且谁也不会妥协。故事中，H公司和L公司都只站在自己的立场上思考问题，不断地为自己争取利益，如果他们一直这样僵持下去，不但会让双方感到疲惫，导致谈判破裂，甚至还可能影响今后的合作。

当谈判在某个问题上陷入僵局时，可以适当地采取一些小技巧来缓解一下紧张的气氛。比如转移话题，把争论的话题先放一放，找一些对方不太在意的话题来谈。当然这一话题要尽量向中心话题靠拢，而且在谈论时要突出你们已经给对方让利的内容，让对方清楚地看到，他们应该给你们让利，而且让利后他们不会有太大损失。

每个公司都有一两个很善于谈判或者很难缠的人，一般人都不愿意和他们进行谈判。如果你所在的公司也有一两个这样的人物，不妨借用一下他们，来“威胁”一下对方。

翁休斯是个亿万富翁，他想购买一批汽车。一天，他自己先与汽车制造厂商进行了洽谈，谁知对方不肯答应他的条件。翁休斯当时就生气了，暴跳如雷，把对方的人吓了一跳。

后来，翁休斯又委托一个人再次去谈判。这个委托人很聪明，每次谈判陷入僵局后，他就会说：“你们希望翁休斯本人来讨论这件事吗？”

对方一听，只好无奈地说：“好吧，就按照你的意思办吧。”因为他们谁也不想再和这个脾气古怪的老头进行谈判。

想要打破谈判僵局，给对方一点鼓励也是个可行的办法。如果大部分问题都已经解决了，只差一点棘手的内容待商榷，那么你可以让对方清楚，剩下的问题如果解决了，双方就可以握手合作，反之，这几天的努力也就只能付诸东流。所以，要鼓励对方，让对方重视这次合作机会，从而主动降低要求。

职场小提示

★当谈判双方因为价格问题而陷入僵局时，不要一直围绕着这个话题反复地争论，而应该转移话题，把对方的视线引开，或者把你们公司让利的内容呈现给对方看，让对方意识到，你们真的已经让利了。

★从公司里找出一两个谈判高手作备选，让对方看到，如果和你谈判，他们得到的利益会多一些，这样能够帮助他们早点做决定。

★当问题只剩下比较棘手的一小部分时，要用鼓励的办法来推动对方做出决定。

54. 这个方案还不错，但……

——其实我们根本就没打算接受

在寻找商业伙伴时，很多人都喜欢“鸡蛋里挑骨头”，如果你找出了合作伙伴的缺陷，就可以和对方进行讨价还价了。就像购物一样，如果发现商品有破损的地方，消费者可以找商人要求退货或者打折。在谈判时，有的人总喜欢说“你们的计划还不错，但还有一些不完美”。当你问他“还有什么地方需要改善”时，他又支支吾吾地说不出个所以然来，或者说出很多条根本不需要改善的地方。其实那是对方在告诉你：“完美不完美不重要，重要的是我们没有打算和你们合作。”

R公司想和知名的T广告公司联手竞标。可是，在谈判过程中，当T公司了解到R公司缺少一支稳定可靠的设计师队伍时，便不打算与R公司合作了。

所以在谈判结束时，T公司的经理抱歉地对R公司的经理说：“你们的设计总体看来还不错，但……还有一些不完美。”

R公司的经理马上说：“完美是很做找到的，不过，如果可以，我们愿意试一试。请问我们需要改进什么呢，您能提一点宝贵的意见吗？”

T公司经理含糊地说：“问题不多，只是一些小问题。”

R公司经理一再请求具体地指导，T公司谈判组的成员只好商议着列出了几条意见。R公司经理一看，不过是些细节，根本构不成阻碍合作的理由，但是他只好说："谢谢您的宝贵意见，我们一定改过。"

可是，哪怕R公司全照T公司要求的做了，也没得到这次合作机会。

寻找商业合作伙伴和我们平时交朋友不一样，除了要找一个互通有无、互助互利的企业之外，还要综合考虑其他的因素，因为这关系着一个企业的发展。任何一个企业都有不足之处，所有的计划也都有或大或小的漏洞，真正有意合作的企业不会吹毛求疵。故事中的R公司虽然发展得很好，但缺乏稳定的人才，而这一问题在T公司看来是至关重要的，这直接决定了T公司不会与其合作。但T公司不愿直接指出问题根源，以"还有一些不完美"为由婉拒，意思是"具体原因我不好意思指出来，我们这次就不要合作了"。

作为谈判人员来讲，为了增强谈判的胜利概率，需要多了解一些对方的信息，"知彼知己，方能百战不殆"。首先是明确对方的需求，看看本公司能否满足。无论你们公司有多么强大、多么有特色，如果对对方的发展毫无帮助，那么对方也不会与你们合作。其次要找到对方的优势和弱势，以便在谈判时对症下药。此外，在谈判时要注意倾听、观察和思考，准确地把握对方的用意，并清楚地表达自己的观点。

职场小提示

★当对方提出"还有一些地方不够完美"，且其意见很多只是敷衍之词，那就不要再强求对方与你们公司合作，因为对方已经做了决定。

★如果是公司自身的原因而导致谈判失败的话，谈判结束后要与公司高层沟通，认真反省，找出问题的所在，然后对症下药。

55. 希望我们今天能够达成一致

——如果不能达成一致，下次就别合作了

如果谈判到了做决定的时候，有一方还迟疑不决，另一方就会提醒他：“希望我们今天能够达成一致。”言外之意就是：“如果今天不能达成一致，下次可能就没有合作机会了。”

Z公司和H公司都是商场上的老江湖了。不过，自从经济危机过后，Z公司元气大伤，发展远不如从前；H公司则及时转变了营销方式，顺利地渡过了这一危机。从前这两家公司是竞争对手，在商战上平分秋色，现在，Z公司已经没有实力和H公司抗衡了。

Z公司一直计划着和H公司进行合作，想借着H公司的势头重整旗鼓，东山再起；而H公司也想趁此学一学Z公司之前的销售模式，争取让H公司的发展速度更快一些。于是，Z公司的张总和H公司的李总便约好时间就合作的事情进行谈判。

双方对合作的事情进行了系统的交流后，话题很快就进入到利润分配这一环节。H公司现在处于优势一方，他们开出的条件有些苛刻，张总一时很难接受，道：“这样的条件是不合理的，我们应该享有百分之五十的利润。”

李总解释道：“按理说是这样，但是，现在你们公司的客源、货源都

需要我们公司来提供；你们的大卖场已经不像过去一样能够自主调控了，我们还需要花时间来管理。所以，你们只能得到三成的利润。”

“可是，三成利润还不够我们支付大卖场的租金。”

“我们已经调查过了，三成利润不少了。”

张总听了低下头，不时地紧锁眉头，希望能想出一个可以让对方让利的办法，但始终不知道从何处下手。

李总看他愁眉不展地，说：“我们很重视这次合作，希望今天能够达成一致。”

双方又讨价还价了半天，最终以四六分成达成合作。

故事中的李总在张总犹豫不决的时候说了一句“希望今天能够达成一致”，其用意在于告诉张总，你要是不答应，我们可就要换合作伙伴了。急需合作机会的张总听后也就当机立断，想方设法谈成了这笔利润不高的买卖。一般情况下，能够用这句话来威胁对方的应该是在谈判中占优势的一方，这样即使对方很不情愿，但因为不想错过这次合作机会，也可能尽快做出决定。不过，有时候弱势的一方也会用这样的方法。

有的企业虽然规模不大、竞争力也不是很强，但谈判的能力却不可小觑。无论面对什么样的大公司，他们都十分有自信，深信自己的公司就是最好的，他们的产品也是最棒的。哪怕对方公司比他们公司实力强，他们也不改变这种自信的谈判方式。有时还会用“希望我们今天能够达成一致”来威胁对方，而对方也经常会掉入他们挖好的陷阱里。

参与谈判的人都非常清楚，合理利用谈判时间在谈判的过程中很重要。有时候一方会想办法拖延时间，争取得到更多的利益。如果想要让对方尽快做出决定、避免僵持不下的局面发生，除了采取“威胁”对方的方法外，也可以直接向对方发问：“您能在今天做出决定吗？”对方听到这样的问题后，应该不会再故意拖延时间。

如果你是想要拖延时间的一方，那就更要掌握好时间的尺度，争取成为控制时间的一方。控制时间就相当于控制了谈判的节奏。想要在谈判时掌握谈判的节奏，就需要提前做好充分的准备，对每一个环节大概需要多长时间、会出现什么问题、怎么解决等慢慢谋划。遇到一般问题时，可以把节奏放快一点，遇到棘手问题时就要放慢速度，让时间慢慢流逝，这样才能有机会和对方讨价还价。

在谈判的过程中，即使对方用暗语来“威胁”你或者鼓励你快点做决定，你也尽量不要跟着对方的思路走。因为这可能只是他设计的陷阱。在谈判时，对方的话不能全部都相信，甚至每一句话你都应该打个问号，问问自己，他说的可信吗？正确吗？

职场小提示

★当对方说“希望我们今天能够达成一致”时，不要因为很想得到这次合作机会就答应对方的条件，应该继续和对方讨价还价，为自己的公司争取更多的利益。

★不要轻易相信对方说的话，要判断他说的话是否可信，是不是对方设计的陷阱等等。

★把握好谈判的节奏，尽量让对方跟着自己的节奏走，这样更容易逼对方给自己让利。

56. 大家暂时休息一下吧

——我觉得谈判陷入了僵局，需要重新考虑一下

谈判过程并不会一直顺风顺水，有时谈判双方会因为某些原因而陷入僵局，如果不能找到打破僵局的办法，就会影响双方情绪，不利于谈判继续进行。因此，在进行商务谈判时，如果陷入了僵局，就应该尽可能想办法缓和紧张的氛围，让大家冷静下来，重新考虑合作的条件。

A公司和D公司正在谈合作的事情。刚开始谈得还很愉快，但当谈到利润的分配问题时，双方都坚持己见，谁也不肯退让，甚至争吵起来，气氛闹得很紧张。

A公司的一位成员小声提醒A公司的李总说："态度别这么强硬，不然怎么继续下去啊。"

李总也知道这样吵下去是无法解决问题的，便对D公司的王总说："谈了这么长时间，大家都累了，暂时休息一下吧。"

王总也意识到问题的严重性，只好说："好吧。"

于是双方谈判人员或者端起茶杯喝茶，或者吸一支烟，都在考虑解决问题的办法。

李总不想让公司受到任何损失，但他开出的条件有些过分，让对方难以接受。D公司的实力比A公司稍微弱些，王总知道在这次谈判中可能会

吃点亏，但却没有想到A公司的条件这么苛刻，于是也非常不满了，丝毫不肯让利给对方，双方的矛盾变得尖锐化了。

“头儿，咱们给的条件太苛刻了，是不是稍微让点利给D公司，不然这笔买卖就谈不成了。”A公司的副总对李总说。

“这个条件是有点过分，但这并不是我的本意，我只想看让他们少要点利益，谁知道他们坚持寸利不让。”李总小声对副总说。

D公司的人也一直在商量，可以再给A公司多一点利益，如果A公司依然坚持霸王条约的话，那这次生意就不谈了。

大家休息了一会儿后又开始讨论这件事，这次的气氛缓和了很多，双方也都表示愿意退让一步。最后，这次谈判以维护了双方共同利益的结果而圆满成功。

其实A公司和D公司之间的谈判之所以出现僵局，是A公司故意提高条件造成的。在谈判时，一般双方不会轻易制造僵局，但有时强势的一方会因为想得到更多的利益而开出对自己更有利的条件，逼迫对方改变谈判的初衷，按照自己的意见行事。

虽然谈判双方都不希望出现僵局的场面，但这种情况却经常发生。尤其是第一次合作的双方，因为互相不太了解，谈话和行事的风格也不同，偶尔会发生一些冲突，导致关系紧张。有的人说话比较直接，或者喜欢开玩笑，无意中会伤到对方，如果对方刚好是个比较较真儿的人，那么误会就产生了，谈判自然就会受到影响。所以，在进行商务谈判时，要尽量注意自己的言辞和说话风格，不要让对方感到被伤害，以避免造成谈判僵局。

如果谈判陷入了僵局，要想办法让双方冷静下来，调节一下紧张的气氛，然后再好好思考一下陷入僵局的原因以及解决问题的办法。首先是进行自我反省，看看自己说话的方式是否合理，或者开出的条件是否过于苛刻，然后再换位思考，站在对方的立场思考问题，体谅一下对方的难处，看能否再让一点利益给对方。

谈判双方一般都会准备一份备选方案，如果这次谈判不顺利，可以转而和其他公司进行合作。但是，这份备选方案并不能用来威胁对方，否则只能让对方觉得你骄傲自大，对这次合作也没有诚意。所以，即使这次谈判不是很顺利，你也应该尽量低调一些，只要突出备选公司的吸引力就够了，这样不但能给对方一定的压力，也能让对方体会到你的诚意。

在谈判时，要关注双方的共同点，同时也不可以否定对方的个性，要尽量做到“求同存异”。“同”就是双方共同的利益，“异”则是各自的需求。只要能够实现双赢，双方都应该各让一步，这样才能够进行愉快的合作。

职场小提示

★谈判陷入僵局时，首先要想办法让双方冷静下来，先缓和一下紧张的气氛，然后再分析造成僵局的原因，找出解决问题的办法。

★谈判陷入僵局后要懂得换位思考，站在对方的立场考虑一下，看看是不是自己的条件太苛刻了，或者自己的语言表达出现了问题，惹得对方反感等等。

★突出备选方案的吸引力，而不是拿备选方案来威胁对方，否则只会起到相反的作用。

57. 很遗憾这次不能合作，下次有机会再说

——我只是客气一下，应该没有再合作的机会了

谈判时双方都会很注意自己的言辞，避免因为表达有误而造成不必要的误会，即使买卖不成，但仁义却在。如果一方在了解了对方公司的情况后，发现对方公司不是他们最合适的合作伙伴，便会委婉地拒绝与之合作，通常会客气地说："很遗憾这次不能合作，下次有机会再说吧。"其实，对方并没有下次的合作的打算，这句话只是为了安慰被拒绝一方"受伤的心灵"罢了。

W公司新成立不久，一直在寻找一个合适的合作伙伴。B公司在了解了W公司的基本情况后，对与其合作产生了兴趣。双方约在B公司的会议室进行合作谈判。

W公司非常珍惜这次谈判机会，为这次谈判做了充分的准备。B公司在商海已经是个小有名气的角色了，本来他们有更合适的合作对象，但考虑到W公司是个新公司，可能合作的条件会比较低，而且W公司的实力并不差，所以就优先考虑了W公司。

谈判时，双方都进一步了解了彼此的情况，B公司发现W公司的实力并没有想象中的那么强，暂时无法满足他们的需求，于是决定拒绝与W公司合作。

虽然W公司的谈判人员已经尽力表达了自己的诚意，但B公司的谈判人员依然坚持自己的意思："很遗憾这次不能合作，我们还有其他的考虑，如果下次有机会，我们再合作吧。"

W公司的谈判人员有些失落，但他还是希望改变对方的决定："请问贵公司还有什么需求，我们一定尽力而为，不会让贵公司失望的。"

"我们的需求你们是很难达到的，不过，我相信你们一定可以往这方面努力，在不久的将来，我们一定还有合作的机会。"B公司的谈判人员解释说。

"那么您具体的需求是什么呢，可否说出来听一听。"W公司的谈判人员追问道。

B公司的谈判人员为了打消对方继续谈判的念头，便说出了一个有点过分的条件，W公司的谈判人员一听，马上就明白了对方的意思，也不再对这次合作抱任何希望了。他勉强笑道："这个条件我们的确无法答应，不过我们会继续努力，希望下次能有机会和贵公司合作。"最后双方握手告别。

当对方说"下次有机会再合作"时，你应该领会对方的意思，他们暂时不会与你合作，将来也不一定与你合作，所以你就不要再浪费口舌去试探对方的需求了，除非你有把握让对方回心转意。

导致谈判失败的原因有很多，除了一些不确定因素外，基本的原因是一方在某方面无法让对方满意，或者双方都对彼此感到不太满意。

想要谈判成功，首先应该选择正确的合作对象。在选择合作对象时，要以能够给你带来经济上的利益为选择条件。无论对方实力如何。如果能够给你带来长远的利益，哪怕对方只是一个名不见经传的小公司，你也可以与他合作。相反，如果这个公司赫赫有名，但与之合作不但不能给你带来利益，反而会让你有所损失，那么你大可不必去攀这个高枝。

选择了正确的合作对象后，接下来就要对谈判做好充分的准备。首先是考虑对方的优势和弱势：他们的优势是不是能够给你们公司带来好处，弱势会不会影响你们公司的发展。然后再认真考虑对方可能开出的合作条件，如果条件高了要怎么讨价还价等。最后是要搞清楚自己的合作条件，在保证自己的利益不受损失的情况下，最多能让利多少给对方等等。机会总是给有准备的人，如果你没有做足充分的谈判前准备，哪怕是很有把握的一次合作机会也可能会失去。

在谈判的过程中，你还要注意应对一些突发事件，比如你说错了一句话引起对方的不满，或者对方突然转变态度决定放弃合作等等。对于谈判中的突发事件，你不能因为想要拉拢对方就过分降低自己的要求，因为这可能只是对方设置的陷阱。如果遇到这样的情况，你要保持清醒的头脑，用自己的优势来吸引对方，将自己的条件与竞争对手进行对比，慢慢地变被动为主动，让对方不得不与你合作。当然，如果是自己在谈判过程中表现不当，应该主动认错，向对方表示歉意，做到尊重对方。

谈判结束后，如果失败了，就要总结失败的原因，争取下次能够得到对方的认可。如果成功了，也不可以掉以轻心，要密切关注对方的动态，适当地对合作条件作出调整，以达到真正的合作愉快。

职场小提示

★当对方说“很遗憾这次不能与你合作，下次有机会再说吧”时，如果你没有把握让对方回心转意，那就不要再继续纠缠了，否则只会让对方厌烦。

★谈判前要选择正确的合作对象，了解清楚对方的优势和弱势以及需求，同时也要清楚自己的需求，知己知彼方能在谈判中取得成功。

★谈判结束后，失败了要总结经验教训，成功了也不可掉以轻心，应该密切关注合作方的动态，灵活地调整合作条件。

58. 今天我们谈得很愉快

——我并不愉快，白白浪费我一天的时间

有时候，谈判结束后，对方可能会说“今天我们谈得很愉快”，这句话有两层意思：如果谈判成功了，那么他的确非常愉快；如果失败了，他的言外之意就是“我一点也不愉快，白白浪费了我一天的时间”。

乔治代表公司去和某大型企业进行一次商业谈判。

他和同事们到达谈判地点时是上午九点钟，对方已经在等他们了。乔治简单地和对方寒暄了几句后便进入主题，但对方显然觉得进入主题的时间太早了，不时地谈一些题外话。乔治对此有些不满，他不喜欢懒散、拖沓的办事风格。

在交谈的过程中，他逐渐发现对方的企业文化与本公司很不合拍，但公司又很重视这次合作，他只好耐着性子和对方慢慢谈。对方好像没有把这次谈判当作一件很重大的事，一边谈一边还不忘讲几件趣事。当谈到盈利分配时，对方居然提出要得到七成的利润，对此乔治十分恼火。他压抑着内心的怒火，不断地和对方讨价还价，但对方的态度很坚决，丝毫不肯让步。

乔治准备了很多资料供对方参考：“这是我们公司近几年的盈利数据，我们公司的名气虽然没有贵公司的大，但实力上并没有太大的悬殊，应

该享有更多的利益。贵公司只给我们三成的利益，实在是有点说不过去。”他向对方解释道。

但对方的谈判人员却说：“其实，想与我们合作的公司有很多，我们选择贵公司也是因为贵公司的实力很强，但是，无论与哪个公司合作，我们都必须享有七成的利益，这个条件是不会改变的。”

乔治很气愤，他和同事们商议了半天，最终决定放弃这次合作。

谈判结束时已经是下午了，乔治和同事们要回去了，对方谈判人员笑着和他们一一握手，说：“虽然我们没有合作成功，但是大家交谈得还是很愉快的。”

乔治也笑着说：“今天我们的确谈得很愉快，希望下次有机会再合作。”刚说完他心里就想：“要不是你们一直拖拖拉拉的，我们根本不需要浪费这么多时间，而且毫无结果。”

乔治的心情很不爽，他发誓以后都不再与这个公司进行谈判了。

故事中的乔治用一天的时间和不喜欢的人进行谈判，心情早就受到了影响，加上谈判失败了，他的情绪更不好，虽然嘴上表示这次谈判很愉快，但心里却满是抱怨。

在谈判时，应该注意把握谈话的重心，把时间充分利用起来，不要说很多无意义的题外话，免得浪费对方的时间，影响对方的心情。太过啰唆的人，令让对方反感。

虽然浪费时间是件不值得提倡的事情，但很多人在谈判时却喜欢利用时间来给对方施加压力。确实，有时候谈判时间越长，对方就越着急，而焦急的情绪会影响他的判断，从而改变其最初的想法，为你的公司争取到更大的利益。但要注意，这种作法通常当谈判对手是个人时比较有效，但如果对方是一个团队，那么时间压力只会起到反作用。你浪费的时间越多，对方就越不敢放松警惕，越不敢随意作出决定，对你提出的条件也会越苛刻。因为长时间的谈判，能够让他们更清醒地意识到自己代表了一个团队的利益。

在运用时间压力法给对方施压时，是不可以进行“中场休息”的，因为这样不但不能促成双方达成一致的意见，还会让双方的对立意识越来越强烈，最终导致谈判出现僵局。对时间的把控，应以既要让对方感觉到压力，也不能让对方反感为度。

职场小提示

★如果你想运用时间压力给对方施压，那就注意不要进行“中场休息”，因为这样不会起到有利的作用，只会让双方僵持不下。

★无论你代表个人还是团队进行谈判，都要时刻警惕，不能轻易做出让步，除非对方也做出了退让。

★无论谈判是否成功，离场时的风度都不可缺少。哪怕你对对方再反感，谈判结束时也要说几句漂亮话，如“这次谈判非常愉快”、“希望以后有机会再次合作”等。

第五章

听懂潜台词，有的放矢搞定销售客户

《论语》中曾经说过，一言可以兴邦，一言可以丧邦。语言的重要性由此可见一斑。说话是一种技巧，更是一门艺术，尤其对以语言为主要武器的销售人员而言。销售人员经常需要与客户进行谈判。在谈判过程中，有时对方想表达的意见或想法，不会直言不讳地说出来，这时就需要销售人员仔细揣摩语境，猜测对方话外的含义，争取早日达成一致，将产品和服务销售出去。

59. 我已经接到过你们的电话了

——我不感兴趣，不要再继续骚扰我了

销售是个苦差事，辛苦不说，被拒绝时还经常挨客户骂。不过，也有一些比较“善良”的客户，他们不会直接骂销售人员，而是委婉地表达出对被骚扰的不满。但是，有的销售新人不理解客户的意思，误以为还“有戏”就继续“纠缠”客户，结果惹得客户不得不开口骂他。作为一个销售人员，一定要懂一些销售类的暗语，这样既可给自己省时间，也可以给客户减少麻烦。

陈乐今年刚毕业，在一家电脑公司做电话销售工作。

陈乐做事十分认真，对每个客户都要打好几次电话，直到确认客户百分百不会购买她公司的产品，她才肯罢休。

一次，她打电话给一个客户，推销店里新进的一批电脑。对方是一位女士，很友好地拒绝她说：“我现在很忙，以后再联系吧。”说完就挂断了电话。

陈乐以为这个客户说的“以后”是真的，所以她第二天又拨通了这位女士的电话，并强力推荐公司的产品。

陈乐还没有说完，对方就点生气地说：“对不起，我已经接到过你的电话了。”说完又挂断了电话。

陈乐还是没有领会客户的意思，以为客户还没有忙完，于是等了一会儿又把电话打过去了。她刚要开口说话，没想到客户却急了，大声骂道："你有完没完，我说了不买电脑，你听不懂吗，再打过来我就报警了！"

这是陈乐第一次被客户骂，她觉得很委屈，认为自己不适合做销售，便打算辞职。

经理问："你辞职的原因是什么？"

"我最近经常被客户骂，我不是做销售的料。"陈乐委屈地说。

她告诉了经理原委，不想经理却笑着说："这很正常，凡是做销售的都会遇到这种情况。有时候客户拒绝你的方式很委婉，你要认真领会，如果对方真的不需要我们的产品，你就不要再白费力气了，这样也能少挨骂。"

陈乐这才明白，不是只有像"我不需要你的产品"这样的话才叫做拒绝。她收起辞职报告，又投入到工作中。

当客户说"我已经接到过你们的电话了"时，意思就是"我没兴趣，请不要再打扰我了"。不过，陈乐偏偏没有领会客户的意思，依然穷追不舍，当然会惹得客户不高兴。

做销售的人经常抱怨："我们的工作这么辛苦，还要天天被人骂，真是不公平。"其实，只要稍微用点心，就能领会到客户的意思，如果客户确实不愿意接受你的产品，那就不要再勉强客户了。

当然，也有一些高明的销售人员，即使客户表示不愿意购买，也依然会迎难而上，并最终拿下客户。不过，这需要高超的沟通技巧，如果确认自己不具备深刻洞察人心的能力，没有"舌灿莲花"的口才，就干脆不要尝试了。

作为销售，如果客户说"我已经接到过你们的电话了"或者"你们已经向我推荐过了”，那么，你可以换一种方式和他们进行沟通。比如暂时把推销产品的事情放一放，和客户聊一聊其他的话题，先让他对你的工作态度产生好感，然后再和他谈一谈产品的问题。如果对方还是不愿意接受，你可以把联系方式留给他，让他在需要的时候随时和你联系。

一个优秀的销售人员，应该具备良好的服务态度，让客户接受你。唯有接受了你才能接受你所推销的产品。有这样一句话：三流的销售人员销售产品，二流的销售人员销售价值，而一流的销售人员是销售自己。所以，要把自己当作一个品牌推销出去，然后再推销产品。销售人员的形象被认可了，他所推销的产品自然也会受到欢迎。

职场小提示

★认真领会客户的话中话，如果客户对你的产品确实不感兴趣，最好不要继续打扰对方，除非你有把握让对方接受你的产品，否则就会弄巧成拙。

★在和客户进行沟通时，应该掌握灵活的沟通技巧，尽量不要一味地推销产品，这样不但不能拉近你和客户之间的关系，还会让客户感到厌烦。

60. 你对我的需求并不了解

——我需要更多的优惠条件

消费者都喜欢物美价廉的商品，不管你的产品质量多好、便捷度多高，消费者都希望它的价格更低一些。所以，作为销售人员，你应该尽可能地解决好价格的问题，恰当地运用打折和优惠的策略，让消费者高兴地接受你的产品。很多消费者并不会直接说“你的东西太贵了”，因为这样有失面子，他们会旁敲侧击地告诉你，你应该再优惠一点。

黎明已经缠着G医院的李院长很长时间了，他一直希望把公司新出的医疗设备推销给G医院，但李院长每次都回绝他说：“我们医院不需要这些设备。”好几次黎明登门拜访，都吃了闭门羹。这一次，黎明打听好李院长要出差办事，就提前到医院门口守着，果然等到了李院长。

李院长刚走出医院的大门，黎明就迎上去，笑着说：“李院长，好几天不见您了，最近工作很忙吧？”

李院长一见到他就头疼，无奈地说：“你怎么又来了，我说了不要你的医疗设备，你的设备不适合我们医院。”

黎明十分谦和地说：“李院长，贵医院在市里是很有名气的，很多病人都慕名而来，您不可能不需要一些高端的医疗设备，我们公司新出的产品真的很适合贵医院。”

李院长着急地说："我还有事情要忙，等我忙完了再谈这件事吧。"

黎明追在他后面说："李院长，我也不想一直这样缠着您，请您给我五分钟时间，一定不会让您失望的。"

李院长稍稍缓和了一下语气，说："好吧，我给你五分钟的时间，如果你能给我一个正当的理由，我就买一部分设备。"

黎明高兴地说："好，就五分钟。"于是他便开始介绍这批医疗设备，李院长听着听着偶尔点点头，脸上露出一点赞许的表情。黎明趁机说："我们的产品很适合贵医院，您就购买一批吧。"

李院长为难地说："你的设备的确不错，但是，你对我的需求并不了解，我的医院规模小，开办时间短，购买这样的设备，压力很大。"

黎明听懂了李院长的意思，赶忙说："李院长，我可以给您优惠一些，保证满足您的要求，您先购买几台，如果效果好再多买，怎么样？"

李院长问："你能给我优惠多少？"

黎明说："我给您打七折，剩下的钱从我的提成里扣，您意下如何？"

李院长听了很高兴，笑着说："好吧，我先购买几台试用一下。"李院长试用了一段时间后，又再次购买了一批黎明推销的医疗设备。

物美价廉是很多消费者共同的需求，好的产品谁都喜欢，但并不是谁都能消费得起，如果想让更多的消费者购买你的产品，那么采取适当的优惠策略是必不可少的。故事中的李院长就是因为价格的原因而迟迟不买黎明推销的医疗设备，等到黎明开出满意的价格后，他才高兴地接受。所以，作为一名销售人员，你要认真领会消费者的话中话，如果他在和你谈价钱时说"你对我的需求并不了解"，你应该考虑，可能是产品的价格太高了，对方需要你多给些优惠。这时候，你可以适当地采取一些优惠策略，既要让消费者高兴，又能够维护公司的利益。

商家和消费者之间应该是互利互惠的，商家不能只盯着消费者的钱袋。很多知名的品牌商在最初都让了很多的利益给消费者，虽然短时间内利润不高，但打开市场后，却很快就能够赚钱。所以，给消费者实惠才能让商家走得更远。

商家如此，销售人员在推销产品时更要如此。不过，具体的优惠策略还需要自己去把握。比如采取分批优惠的策略，先以比较低的价位卖给消费者一部分产品，消费者试用后觉得效果不错，决定用你的产品时，你再稍微提高一点价格，让消费者心甘情愿地接受你的提价。还可以为消费者提供长期的优惠，比如设立会员身份等，虽然消费者暂时没有得到多少优惠，但从长远来讲，会员可以得到越来越多的优惠。对于长期使用此种商品的消费者而言，他们很愿意接受这样的优惠条件。比如女士购买自己钟爱品牌的化妆品时，如果这个品牌的商品比较昂贵，她们则会选择办理会员卡，以此长期得到优惠。

销售人员在市场上扮演着很重要的角色，紧密联系着商家和消费者，销售人员的言行往往就代表着商家的形象，所以，销售人员要懂得变通，灵活地掌握优惠策略，以拉近消费者和商家之间的距离。

职场小提示

★当谈到商品价格，客户表示“你的条件无法满足我的要求”时，你要敏感地意识到，客户这是在和你讨价还价。

★优惠并不是不让商家赚钱，而是让消费者和商家之间互惠互利。所以，优惠也要把握好度。

61. 你是个幽默风趣的人

——你是来卖产品还是来卖笑的

有的销售人员很幽默，在介绍产品时经常跑题，动不动就和客户讲起笑话来，起初客户还会觉得很有意思，不过，如果他的话题一直回不到正轨上，客户就会有意见了。说话幽默的确是销售人员的一件法宝，但也要把握好说笑的程度，恰到好处则会加深客户对你的印象，过火了则会导致客户的反感。因此，销售人员在运用自己的幽默感时要适度、适当，以把自己推销出去、把产品推销出去为目的。

张晓鸥是个推销员，他说话很幽默，在办公室时经常逗得同事们哈哈大笑，但奇怪的是，他的业绩却很一般。

一次，张晓鸥去一个小超市推销收银机，超市的老板黑着脸说："我们有收银机。"

张晓鸥笑嘻嘻地说："你们的收银机已经是老古董了，试试我们的新式收银机吧，价格很便宜的，绝对不让您吃亏。"

老板听到"便宜"两个字便有点动心了，再看看超市那台破旧的收银机，他觉得真的需要买一台新机子了，于是就坐下来和张晓鸥聊了一会儿。

张晓鸥本来应该和老板聊一聊收银机的，但他却聊起了自己在超市发生的一些趣事，起初老板还觉得他很幽默，跟着他大笑起来，后来，老板听够了他的笑话，只想了解一下收银机的事情，便没好气地说：“你真是个幽默风趣的人。”

张晓鸥的话匣子一打开就很难关上了，他也没注意老板的神色，还滔滔不绝地说着笑话，最后老板便站了起来，说：“好了，你可以走了，我不需要你的收银机。”

张晓鸥这才意识到，自己跑题的时间太长了，他赶紧向老板道歉，希望老板再给他一点时间来介绍产品，不过老板已经对他失去了耐心：“不用了，你去别的地方碰碰运气吧，我这里的老古董还可以再坚持一段时间。”

销售人员应该幽默，但要幽默得恰到好处，过犹不及。比如故事中的张晓鸥，如果他只在和客户接触时幽默一下，然后就直接介绍产品，那么这个小超市的老板很可能会接受他的产品。但张晓鸥没有掌握好度，把讲笑话当成了主要任务，结果惹怒了超市老板，不客气地拒绝了他。

大多数消费者都对销售人员有戒备和抵触心理，如果想要拉近和消费者之间的关系，销售人员就应该主动和消费者沟通，而最好的沟通方式之一就是用幽默的话语逗对方开心。在刚和消费者接触时，如果你能够用幽默的语言与消费者进行交流，那么消费者就会慢慢消除抵触心理，拉近距离后，你再推销产品，消费者也会比较容易接受。

日本的“推销之神”原一平是个其貌不扬的矮子，在外貌上几乎没有优势，但他语言幽默、表情丰富，所以很多消费者都喜欢和他交流。

有一次，他去一家公司推销保险，刚走进经理的办公室，经理就生气地说：“你也是推销保险的吧，我刚刚赶走了一个，怎么又来了一个，我们的保安实在是太不负责任了，我明天就辞退他们！”

原一平听了摆摆手说：“经理，这可不是保安的错，要怪只能怪我，我长得太帅，他们不得不让我进来。”

经理一听这话，突然大笑起来，然后又说：“你这个人有点意思，不过，你的保险会让我感兴趣吗？”

原一平假装无奈地说：“不知道，让我试一试吧。”

经理虽然很忙，但还是和他交谈了很长时间，原一平不但把公司提供的保险介绍了一遍，还逗得经理不时哈哈大笑，最后，经理果然买了一份价格很高的保险。

一般情况下，幽默的人人缘都比较好，幽默的销售人员业绩也比一般销售人员的高，但是，如果你只讲笑话而不说正事，那就会把事情搞砸，就像本节一开始的故事中的张晓鸥一样。幽默只是开胃小菜，不能当成主食，适度幽默，才有利于你和消费者进一步交流。如果你能够让幽默贯穿谈话的始终而又不耽误介绍产品的话，那你就是一个能够把幽默把握得恰到好处的销售人员，也必将是一个优秀的销售人员。

职场小提示

★刚开始和消费者接触时，话语尽量幽默、活泼一些，这样有利于拉近你和消费者之间的距离，让消费者更容易接受你和你推销的产品。

★与消费者进行交谈时尽量让幽默贯穿谈话过程的始终，让消费者体会到与你谈话的快乐，但是也要把握好度，要把推销产品当作谈话的中心，不能一味地讲笑话，否则消费者会觉得你不务正业。

★除了语言幽默之外，也可以适当地增添搞笑的表情和动作，让消费者感觉到亲切、自然。

62. 你能亲自来谈一谈吗

——我想进一步了解你们的产品

销售人员最喜欢听到的话就是消费者对产品的认可，最开心的事情就是消费者同意购买他推销的产品。如果对方问“你能不能亲自来谈一谈”时，有经验的销售人员也会很开心，因为这预示着，消费者对他推销的产品还是很感兴趣的。

约翰逊已经在F公司的大门口等了很久了，他坚信，只要他坚持住，就一定能够等到F公司的总经理雷德先生。

F公司是一家汽车制造公司，而约翰逊是一位轮胎推销员，他之所以一直等在F公司的大门外，就是为了把公司新出的轮胎推荐给F公司。可是F公司的门卫始终不肯让他进去，他只好在外面等。

“雷德先生，我是推销轮胎的，我们公司的轮胎才是你们最佳的选择，没有任何一家公司的轮胎能比我们制作得更好。”约翰逊一看见雷德先生从公司大门走出来，就兴奋地跑过去对他说。

雷德先生看了他一眼，说：“是吗，可惜我现在没有时间听你介绍，你给我一张名片吧，我有空联系你。”约翰逊听了只好递上自己的名片。

一连过了三天，雷德先生一直没有联系他，约翰逊有些着急了。他打电话到雷德先生的办公室，但接电话的秘书说雷德先生出差了。又过了几天，约翰逊还是没有接到雷德先生的电话，他又打到了雷德先生的办公室，可是秘书说雷德先生刚出门，等回来再联系他。

约翰逊听了就守在电话旁边。几个小时后，约翰逊的电话响了，他一看号码，正是雷德先生办公室的电话，于是便兴奋地接起电话。秘书说：“您好，雷德先生已经回来了，如果方便的话，您能亲自过来谈谈吗？”

约翰逊听了十分高兴，说：“好好，我现在就过去。”其实当时天色已经有些晚了，但约翰逊始终不肯放弃这次机会。

雷德先生见到约翰逊后，很有礼貌地说：“我对贵公司的轮胎还不是太了解，你能详细地介绍一下吗？”

约翰逊笑道：“当然可以。”于是便详细介绍了一下自己公司的轮胎。

后来F公司决定购买一批约翰逊公司的轮胎。

故事中的约翰逊凭着自己积极的工作态度得到了雷德先生的赏识。当他听到雷德先生愿意和他谈一谈产品的事情时，即使时间已经有些晚了也没有放弃这次机会，最后做成了一笔大买卖。当客户说“你能亲自过来谈一谈吗”时，其实他已经基本上做了决定，只是想看看你对这件事情重视的程度。客户在决定和你见面之前，已经认真地把你所推荐的产品和其他公司的产品进行过对比了，而且也决定用你们公司的产品，如果你的表现足够积极，那么这笔买卖就不大可能有问题。

当客户表示想进一步了解产品时，你应该做好充分的准备，认真分析产品的优势和不足，然后再具体地和客户交流。千万不要以为这个单子十拿九稳了，就不做好再次推销的准备。如果对客户的问题准备不足，导致客户认为你没有诚意，他们就可能放弃这次合作。

当然，如果客户说对你的产品没有兴趣，你也不可以轻易放弃，说不定这是客户对你的一次考验。销售人员在很多情况下推销的不是产品，而是自己，如果你的为人和工作态度得到了客户的认可，那么你的产品就会成为他们的选择。相反，则会被对方拒绝。

A公司已经决定用B公司的产品，但是为了得到更多的优惠，A公司决定再和B公司的销售人员沟通一下。A公司的经理打电话对销售人员说："我发现你们公司的产品并不是最好的，我们要考虑考虑再决定是否与你们公司合作。"

B公司的销售人员一听，当时就泄了气，觉得这笔买卖肯定谈不成了，情绪很消极，对这件事也不上心了。而A公司的经理却觉得B公司是在有意冷淡这件事，于是便另选了合作伙伴。

销售人员不但要能领会客户的话中话，还要想办法拉拢客户的心，无论对方合作的态度是否积极，你都不能减少与对方合作的热情。谈生意不像交朋友那样单纯，朋友生气就是生气，高兴就是高兴，而生意上的合作伙伴并非如此。有时他很想与你合作，却故意挑剔你的缺点。不管对方的表现如何，他只有一个目的，那就是利益，所以，你可以综合考虑双方共同的利益，灵活地调整合作方式。

职场小提示

★当听到对方说"可以的话，你最好亲自过来一趟"这样的话时，你应该做好充分的准备，积极对待对方的考验，不能因为对方已经做出了与你合作的决定就降低积极性。

★即使对方表示对你的产品不感兴趣，你也应该积极对待，因为也许这是对方对你的考验。

★合作双方以互利互赢为合作基础，当对方的合作态度有所转变时，你可以考虑让利或者其他的办法来进行挽救，争取双方共赢。

63. 我只用熟悉的产品

——我不熟悉你们的产品，对它也没兴趣

无论是电器、化妆品还是食品，新上市的产品都不太容易被人们接受，一是人们已经习惯了自己常用的品牌，二是新产品的性能和质量还不为人知，人们无法立刻“爱上”它们。为了让新产品早日被消费者接受，厂家除了依靠原有的销售渠道和在广告上下功夫外，还要靠销售人员的大力推销。而推销新产品的难度会比较大，销售人员经常处处碰壁。

C化妆品公司推出了一款除皱产品。在除皱方面，C公司之前并没有尝试过，因此这款产品需要进行大力推广。接到消息后，市场部的销售人员们都说：“这下又有的忙了。”

销售员丁丁拿着新产品找了好几家较有规模的经销商，但大部分代理商都表示：“我们只代理熟悉的产品。”丁丁听了也没有放在心上，依然很热情地向他们推荐：“这是我们公司新推出的，效果很好，您先试用一下。”

经销商们的答复也基本一致：“我们只代理以前的牌子，这是老板的规定。”

丁丁好像听不见他们说话一样，还是说：“效果真的很好，您用过就知道了，以后一定很有市场的。”

有的经销商无奈地收下了她的产品，而有的经销商则不高兴地说：“去别的地方问问吧，我们这儿真的不需要。”大有要强行把丁丁赶出去的架势。丁丁这才明白没有商量的余地了，不得不离开。

几天下来，丁丁只找到两家愿意销售这款除皱产品的经销商，她有些气馁，整天垂头丧气的。

主管看她一副沮丧的样子，笑着说：“怎么样，处处碰壁吧。”

丁丁不好意思地点点头。

“那你是怎么推销的？”主管问。

“就是告诉他们，我们的产品很好，让他们试一试啊。”丁丁答道。

“你这样怎么可能把产品推销出去呢？产品好在哪儿，他们以前代理的是什么样的化妆品，他们是否了解我们的公司等等，这些情况你都需要弄清楚。销售并不是只需要说话，还要学会动脑筋。”

丁丁听了点点头，马上制订新的计划，准备过几天再去用新的方式推销这款除皱产品。

无论是知名厂家的还是小品牌的新产品，大多数消费者和经销商都会有一定的抵触情绪，常常说：“我只用熟悉的产品。”这也就是在告诉销售人员：“我压根儿就不熟悉你们的产品，也不会接受，你们还是省省心吧。”

一些如今很有名气的商品曾经也被代理商拒绝过，但它们在坚持了一段时间之后，守得云开见月明了，有些品牌甚至在国际上闯出了一些名堂。一种新商品要想畅销，除了要有良好的质量外，合适的销售策略也必不可少；除了依靠已有的销售渠道外，还需要销售人员开拓新的渠道，这样才能够稳步推进，获得市场上的一席之地。

对于新推出的产品，如果直接推销给消费者，那么成功的几率会比较小。消费者一般会去实体店购买产品，不会随意相信上门拜访或在路边推销产品的销售人员。大多数消费者都认为，如果你的产品好，那么早就应该上柜台了，根本不需要挨家挨户地推荐。所以，销售人员应该明白，对于新产品，代理商才是正确的推销对象。故事中的丁丁选择了正确的推销对象，但她的推销方法却没有用对。

对于没有合作过的代理商，你的销售方法应该尽量灵活，除了让对方认为你的产品质量很好之外，还要让对方感受到你的合作诚意。一个新上市的产品，如果质量一流，且销售前景广阔，那么对方才有可能接受它，并帮助你推销。另外，代理商会为你推销产品，那是因为他们能够得到一定的利益，如果你给出的条件不够优惠，那么对方也不太可能对你的新产品产生兴趣。所以，向代理商推销新产品，需抓住两点，一是说明产品大有市场，二是告诉他们销售此款产品会给他们带来更多利益。

职场小提示

★销售人员在推销新产品时要选择正确的推销对象，否则效果就很不理想。在开拓新的销售渠道时，要选择较有规模的经销商或者专卖店作为推销的对象，因为消费者更容易相信摆在柜台上的产品。

★要适当运用一些小技巧赢得代理商的好感，以利于销售产品。

64. 先留张名片吧，需要时再联系你

——对于不熟悉的产品，我会对比之后再做决定

名片是一种象征，代表着你和公司的形象，销售人员工作时应该随身带着名片，这不但是为了工作需要，也是在给公司做广告。做过销售的人都知道，有的时候消费者或者企业需要经过对比之后才能决定是否用某家公司的产品，所以要给对方留一个联系方式，方便以后进行沟通。

唐小白是个销售员，每天都在外面跑业务，她很喜欢自己的工作，也十分敬业。

一次，她去某日用品店推销公司新生产的豆浆机，店主有急事需要出门，可又不好意思直接拒绝她，就说："先给我一张名片，什么时候需要我再和你联系。"

唐小白听了以为店主是在敷衍她，想把她赶走，于是一边递名片一边继续介绍豆浆机，店主有些不耐烦了，生气地说："我说了以后再和你联系，你的豆浆机好不好，我需要比较过才清楚，你何必多费口舌呢！"

唐小白听了只好闭嘴，不过她意识到，店主对他们的豆浆机还是很感兴趣的，便留了一台豆浆机在店里供店主试用。

过了几天，唐小白给店主打了电话："先生，你觉得我们的豆浆机怎

么样？”

店主说：“还不错，再给我一点时间，我再考虑考虑。”唐小白欣然答应了。

又过了几天，她又打电话给店主：“我们的豆浆机很好用吧？”

店主说：“是的，很好用，工作效率比其他厂家的豆浆机都要高。”

唐小白听了很高兴，马上问：“那您打算购买几台呢？”

店主却说：“等我联系你吧，你就不要再费心了。”

唐小白一听，以后也不敢再打电话了，只能等着店主给消息。过了几天，店主果然打电话过来，和唐小白定了五十台豆浆机。

店主笑着说：“本来我们不需要豆浆机的，不过你对工作太认真了，我都不忍心拒绝。我比较过了，你们公司的豆浆机还不错。”

当对方和你要名片时，他就已经给你传递了一个信息：你的产品他从来没有购买过，需要考虑一下再做决定。当然也有可能是他现在不需要，但以后可能会需要，提前预备好名片以方便日后联系。

无论对方是要你的名片还是让你发邮件到他的邮箱，都说明他们不想现在购买你的产品，而要货比三家后再做决定。虽然决定权在对方的手中，但你的态度也是很重要的。唐小白的成功在于她对工作的态度非常认真，如果她把名片递给店主后便不再理睬这件事，恐怕店主也不会买她的豆浆机了。所以，把名片递出去后，你和客户之间的交流并没有结束，你还需要继续了解情况，促使客户尝试用你的产品。如果你的产品的确是物美价廉，那么成功销售只是迟早的事情。

销售人员还要懂得把握客户的心理。对方既然要了你的名片，那就证明你的产品对他来说还是有用的，所以你要引导客户去关注你的产品，了解你的产品，最后使用你的产品。当然，也有的客户是不得已才要一张名片来敷衍你，然后说：“好了，我会关注你们的产品的，以后我再和你联系吧。”这时候，你应该赶快递上名片，然后向对方道歉：“对不起，耽误您的时间了。”通常情况下，一句道歉往往会比天花乱坠的推销语更能引起对方的好感，而这对你来说就是一次机会了。

一位优秀的销售人员要学会打消客户的顾虑，让对方心甘情愿地接受你的产品，这就需要准确把握客户的心理，分析客户的需求，设身处地的为客户考虑才能够得到客户的信任。比如客户很想购买你的产品，但却碍于价格太高，这时候需要你巧妙地利用折扣来满足对方的需求，同时你还要认可对方的消费观，与对方有了共鸣之后，他才会高兴地购买你的产品。因此，分析客户的消费心理，了解客户的需求在销售中是很重要的。

职场小提示

★当客户要求你留下名片时，你就不应再过多地介绍产品了，否则会引起客户的反感。

★给客户留下名片不代表你和客户的交流就此结束了，你还要适当地再次拜访，询问客户的意见，看看客户对你的产品是不是很关注，顺便提醒客户考虑一下你的产品，加深客户对产品的印象。

★要准确分析客户的消费心理，了解对方真正的需求，让客户充分体会到你的诚意，这样对方才能逐渐接受你的产品。

65. 我今天很忙

——如果有耐心，你就多拜访我几次吧

很多销售人员在推销产品时都会遇到客户说“我今天很忙”，其实大家都明白，这是客户们的委婉拒绝。客户们每天都可以很忙，也可以很清闲，这基本上取决于他们对你所推销的产品是否感兴趣。如果感兴趣，他们会抽出一点时间来听你讲解一下，反之就会爽快地告诉你“我今天很忙”。不过，有时候客户说这句话并不是拒绝你，而是想测验一下你的耐心，看看你有没有足够的工作热情。如果你没有听出这层意思，恐怕就要错过一次合作机会了。

张磊前两天刚去拜访了A商城的秦总，因为公司交给他一个任务，就是把新出的一批电热壶推销给一个大型商城。

他来到秦总的办公室，一见到秦总就满面笑容地说：“秦总，我们公司新出了一批电热壶，质量很好，您可以试卖一下。”

秦总看了他一眼，说：“我今天很忙，改天再说吧。”

张磊做销售已经有一段时间了，他明白，秦总这是在拒绝他，他只好笑着说：“抱歉，打扰您了，那我们改天再联系。”

虽然知道自己被拒绝了，但张磊并不想放弃这个大客户。过了几天，他又走进了秦总的办公室：“秦总，我又来了，那天您说很忙，不知道

今天有没有时间呢？让我向您介绍一下我们公司新出的电热壶吧。”

可是话还没有说完，秦总便不好意思地打断他说：“哦，你来得真不巧，我正好有个会议，今天恐怕又没有时间了，下次吧。”说完就拿着文件走了，还不忘吩咐秘书礼貌地送张磊离开。

虽然被拒绝了两次，但张磊并没有灰心，他下定决心要拿下这个客户。又过了几天，张磊再次来到秦总的办公室，依旧笑着说：“秦总，还是我，希望您今天不是很忙，请给我几分钟的时间介绍一下我们公司新出的电热壶吧。”

秦总看了看他，笑道：“年轻人，你真是很有耐心啊。不过，你这次确实挺走运的，我刚开完会，现在有点时间，咱们来谈谈你们的电热壶吧。”

张磊听了非常高兴，赶紧向秦总介绍自己公司的电热壶。

秦总边听边点头，最后说：“这样吧，你先给我一个，让我试用一下，如果真的像你说得这么好，我就多要一些。”

张磊高兴地说：“没问题，一定不会让您失望的。”

在秦总试用期间，张磊隔一段时间就会询问一下他的使用情况，后来，秦总真的从他们公司购买了一批电热壶。

对于客户的“我今天很忙”这句话，大部分销售人员都会理解为“我不需要你的产品”，但有些客户的意思却是“看看你有没有耐心”。所以，面对客户委婉的拒绝，销售人员应该进行全面地解读。如果故事中的张磊不三顾秦总的办公室，那么他就无法完成公司派给他的任务。

除了一些伪劣产品外，大部分商品的质量都是可以保证的，产品与产品之间的差距并不大，至于客户会选择哪一家公司的产品，很多时候都要看销售人员的能力。销售人员的能力就体现在他的工作态度和沟通技巧上。

作为一名销售人员，热情积极的工作态度是不可或缺的，因为这表示你对这次买卖的重视程度和对客户的诚意。如果客户说了一句“我今天很忙”你就轻易放弃的话，恐怕你会失去很多次合作的机会。所以，当客户委婉地拒绝你时，你应该尽量尝试着说服客户与你合作，等到确定客户真的不需要你的产品后，你才可以放弃这次机会。

对于销售人员来说，沟通技巧也是很重要的。一般情况下，人都希望得到肯定和夸奖，得到你的肯定后，对方才会从内心上接受你。所以，不论对方对你的产品有怎样的评价，你都应该适当地肯定对方的看法，这样既能让对方明白你对产品的质量很了解，能够和客户产生共鸣，而且还说明你并不是一味地吹嘘产品。等到客户接受你之后，你再详细地介绍一下产品，当然，应该重点介绍产品的优点，先让客户有购买的欲望，然后再说几点产品的不足之处，这样才显得更加真实。因为大家都明白，世界上没有一件商品是没有缺陷的。

推销结束后就等着客户做决定了。如果客户接受了你的产品，除了要对客户独到的眼光进行赞赏外，还要适当地给客户一些优惠，这样客户就会觉得物超所值，对你的人品也会更加看好。如果客户没有接受你的产品，你也应该有一个友好的态度，对浪费了客户的时间表示歉意。这样能够给客户留下一个好印象，说不定下次你所推荐的商品他会很感兴趣，直接和你做成一笔买卖。

职场小提示

★当客户说“我今天很忙”时，不要单纯地理解为客户是在拒绝你，他也有可能是在考验你的耐心。

★想要得到客户的认可，首先应该培养自己积极的工作态度和高超的沟通技巧。要懂得肯定客户的观点，这样才容易得到客户的信任，客户信任了你就相当于信任了你所推销的产品。

★无论客户有没有接受你的产品，都应该有一个友好的态度，给客户留下一个好印象，为下次的推销任务做好铺垫。

66. 你们的产品还不错

——其实你们的产品不太好，并不是我需要的

通常情况下，为了不得罪人，客户说话可能比较委婉，用鼓励式的沟通语言做出拒绝。如果他说“你们的产品看起来还行”，那他可能是在说，“其实你们的产品不太好，并不是我所需要的”。

G超市囤积了一批滞销的旧款服装，样式看起来很死板，估计不会有人买。不过，G超市的销售经理想考验一下服装销售人员的水平，就给大家出了一道鼓励性的题目：如果谁能在一天的时间里把这批服装卖出去20件，就给他5000元的奖金。

在奖金的诱惑下，很多销售人员都报名参加了这个挑战，小云也在其中。

接下挑战的销售人员大都只是在店铺里的某个角落挂出几件旧款服装，只有小云把店里的服装都换成了需要推销出去的旧款服饰。顾客们经过时都不停地用眼睛瞟这些衣服，脸上露出或奇怪或鄙夷的表情，只有几个人愿意走进来看一看。

小云不放过任何一个走进店里的顾客，对每个人都笑脸相迎地说：“看一下我们的服装吧，是今年新上的复古款式。”

一位顾客仔细看了看样式，又摸了摸布料，说：“看起来还不错，质

量挺好的。”

小云笑道：“是啊，质量很不错，是以前常用的布料，现在做服装大都不用这种料子了。”

顾客笑着点点头，说：“我不太喜欢这种款式。”然后就走开了。

又过了一会儿，店里来了一个中年人，他看了看这些服装，惊讶地说：“现在还有这样的衣服啊？”

小云笑着解释说：“这是复古的款式，连布料都是以前用的那种，您感兴趣吗？”

中年人挑了一件男士衬衫，说：“可以送给我父亲。”然后付完钱就走了。

中年人的这句话提醒了小云，她觉得现在的年轻人虽然不喜欢这种保守的款式，但不爱追求时尚的老人会比较喜欢。于是她在店里写道：“替他们找回过去的回忆。”没想到这个牌子刚挂出去没多久，就引来很多顾客的注意，有不少人都买了一件回去作为纪念。不一会儿，小云的店里就没剩几件旧款衣服了。

看到小云的成绩，销售经理不得不称赞她：“这是我们超市里最聪明的服装销售员。”后来，小云顺利地拿到了5000元的奖金。

看到小云店里的旧款服装后，顾客的第一反应都是“这些衣服质量太差了，并不是我需要的”，但大家不好意思直说，只好违心地说一句“还可以”。当听到客户的这种评价时，作为销售千万不要当真，更不要受到影响，否则这些产品就真的很难卖出去了。

当你在销售产品时，如果面对消费者的质疑，首先应该肯定消费者的观点，承认这些产品的确不太高档，或者款式比较旧等等，以此来换取消费者的信任。不过，也不能一味地说产品的坏话，毕竟你要将它们推销出去，而一无是处的产品是没有消费者会买的。

每种商品都有自己的缺陷，但肯定也有它们的优点，或者是实用性强，或者是质量好等等，总之，一定要找到并着重展现出产品的价值。当然，如果产品确实存在质量或实用性等方面的缺陷，那么你可以酌情对产品进行优惠处理。如果是新产品，销售人员可以采取“欲擒故纵”的办法，先让消费者免费试用，若消费者用过之后很满意，再加上公司的大力宣传，消费者自然会再次购买。

对于一些很难卖出去的产品，销售人员也可以像故事中的小云一样采取独树一帜的销售方式。正常情况下，不容易售出的产品最好不要采用常规的方式来出售，这样只会让消费者觉得可笑。应该换一个角度，从另一个层面上来吸引顾客的注意。所以说，销售的工作不是单纯地靠磨嘴皮子就能胜任的，还要善于思考，培养灵活的思维模式。

职场小提示

★当客户评价你推销的产品“还可以”时，可能意味着他不看好你的产品。如果想要让他认可你的产品，就要多下一点功夫。当然，客户这么说也有可能是故意给你出难题，想让你降低价格。

★客户对你的产品表示不满意时，你最好不要受到影响，应该保持饱满的工作热情，相信你所推销的产品是有价值的，而且还要让客户认识到产品的价值，这是作为销售人员应该具有的思想意识。

★对于很难卖出去的产品，尽量不要采取常规的方式来销售，应该另辟蹊径，换一个角度来吸引顾客的目光。

67. 你做这行多久了

——年轻人，销售水平有待提高啊

如果你在推销产品时，顾客突然打断你，问你做这行多久了，那你就要注意了，这句话可能意味着，你的销售水平太差了，可进步的空间还很大。当然，顾客也有可能是在说你的销售水平很高，居然把他都忽悠住了。不论对方是哪种意思，都需要你谨慎处理。

朱桦正在向一位顾客推销一种保温杯，他不停地介绍这种保温杯的质量如何好、造价有多高、外形如何吸引人等等，顾客已经听得有些不耐烦了。但是朱桦根本没有注意到这点，还在不断地对保温杯做着解说。

顾客忍不住了，打断他说："年轻人，你做这行多久了？"

朱桦愣了一下，笑着说："还不到半年，有什么问题吗？"

顾客也勉强笑道："没事，我就是觉得你的口才不错，把产品介绍得很详细。"

朱桦以为顾客是在夸他，马上道谢，并且说了很多表示自谦的话。等他谦虚结束后，顾客便笑着说："对不起啊，我还有事情要忙，今天就到这里吧。"然后就离开了。

朱桦很诧异，刚才还聊得好好的，怎么突然就走了。

站在一旁的销售老手王姐走过来说："小朱，销售不是简单地推销产品，除了产品之外，你还要和客户说点其他的内容。”

朱桦奇怪地问：“应该说点什么呢？”

王姐笑道：“这就要看情况了。客户喜欢什么你就要和客户说什么，最好是能与客户产生共鸣，然后再把产品的介绍内容加进去，这样顾客才不会觉得枯燥。”

朱桦听了点点头，然后又疑惑地问：“那为什么刚才那位客户还说我的口才很好呢？”

王姐笑道：“这是一位说话比较客气的顾客，人家这么说是不想伤害你的自尊心。”朱桦听了也尴尬地笑了。

一般情况下，如果客户是在中途打断你的介绍，突然问“你做这行多久了”，他的言外之意可能是，“年轻人，你的销售水平有待提高啊”。

在顾客对你的工作态度表示不满时，你首先要做的是向对方表示歉意，并虚心地解释自己还是个新人，对这项工作还不太熟悉，需要更进一步学习等等。这样可让顾客感受到你的诚意和虚心的态度，从而提高你在顾客心目中的地位。一般情况下，虚心认错的人都会得到对方的原谅，即使之前的表现不很理想，对方也能够因为你诚恳的态度而不去计较。

接下来要做的就是想办法提高自己的销售水平了。销售这项工作既要有良好的沟通能力，又要有活跃的销售思维和吃苦耐劳的精神，而这些能力和品质都需要自己在实践中逐渐培养起来。

沟通能力需要多学习、勤锻炼。在生活中我们发现，性格活泼、爱说话的人沟通能力大都比较好，所以，想要提高自己的沟通能力，勤于实践是最好的办法。作为一个销售新人，特别是平时比较内向、很少说话的销售新人，如果放任自己不愿意和陌生人沟通的习惯，就很难提高沟通能力。所以，要大胆地和陌生人说话，把和陌生人说话当作一种学习和锻炼，慢慢地，你的沟通能力就会大大提高。

活跃的销售思维需要自己不断地从工作中摸索，这不是一朝一夕就能培养出来的能力。平时注意向前辈学习一些销售方法，在工作中遇到问题时也可以找前辈解答，因为你现在的经历很多销售老手可能都经历过。或者也可以和同事们共同研究一些可行的销售新招，并在这一过程中慢慢琢磨怎么让自己的销售思维活跃起来。

至于吃苦耐劳的精神，就更需要自己锻炼了。对于销售这个工作，公司通常都会有提成，业绩越好工资也就越高，你可以用提成来鼓励自己努力工作。当想到下个月能够得到更高的薪水时，相信你会更有工作的动力。除了提成之外，公司也会有能力考核的环节，如果你想成为全公司最优秀的销售人员，就不得不努力工作，以此得到上级的认可。培养吃苦耐劳精神的方法还有很多，而自我激励是最有效果的方法之一。

如果客户问你工作多久了，是真的在赞赏你的话，你除了要表示谢意外，还应该提供更好的服务和更高质量的产品，这样客户才会更容易相信你、接纳你。

职场小提示

★当客户对你的工作质量产生怀疑时，你应该马上向客户道歉，并解释自己的工作经验不足、能力不够等，这样可让客户对你产生好感。

★作为能力不够的销售新人，应该努力提升自我，大胆地和陌生人说话，在工作中不断地提高沟通能力，培养活跃的销售思维和吃苦耐劳的精神。

★如果客户赞赏你，不要忘记对客户表示谢意，同时把产品的质量和你的工作能力结合起来，以取得客户的信任。

第六章

醉话、假话、真话？酒桌上应酬自如

在应酬场合，一个幽默机敏、妙语连珠、语言充满情感的人不仅能很快缩短与对方的距离，还能调节社交场合的气氛，扩大人际交往圈。不过，应酬场合也是一个“深水潭”，彼此说话不会直来直去，很多时候都用“意会”代替“言传”。而如何能一听就懂对方话语中暗藏的含义，也是一门值得研究的学问。

68. 今天我会给你介绍一个人

——这个人对你的职场生涯将会很重要

在职场中，有些人对于那些善于拍马屁的人很反感，认为他们太投机取巧。其实，这些会巧妙“奉承”别人的人，恰好更可能走上成功之路。尤其是那些在酒桌上左右逢源，将每个人都“侍候”得眉开眼笑的人，很可能受到贵人提携，成为职场发展中的一匹“黑马”。

汪海洋是绿色装饰公司陈总的助理。一天，他陪同陈总去参加应酬。参加这次应酬的人都是这个行业里赫赫有名的“大腕”。

饭局开始后，大家频频碰杯，相互寒暄。祝酒词、划拳声此起彼伏，很快气氛变得很轻松了。饭局快到一半的时候，陈总突然对身边的汪海洋说：“今天我带你去认识一个人。”

陈总领着汪海洋到了一位张姓经理旁边。

“小汪，这是张总。他可是我的老朋友、老战友。”

“张总，您好。我叫汪海洋，是绿色装饰公司的总经理助理。”汪海洋礼貌地做自我介绍。

“你好。”张总也热情地回应。之后，他又对陈总说：“你们公司的人都很有礼貌，也有很有朝气啊。再看看咱们，都老了，哈哈……”

“汪海洋，张总可是非常了不起的人。你好好跟张总聊聊，有什么不懂的多向他学习。”陈总笑着说道。

这次应酬后没多久，陈总突然说想和张总的公司进行一些合作。他问汪海洋：“小汪，你最近和张总联系得如何？”

“我……我经常给他发邮件联系。”其实，汪海洋在那次应酬后，就再也没有联系过张总，一是因为工作繁忙，二是因为他觉得张总和陈总早就认识，他就没必要再与之加深联系了。

“那就好，过几天，张总会亲自来我们公司。你负责接待一下。”

几天后，张总到了汪海洋所在公司。

“您好，张总。我叫汪海洋，我们以前见过面的。”

“哦，在哪里见过？” 张总看着眼前这个年轻人，觉得有点眼熟，但想不起来他是谁。

“就是上一次的聚会中……” 汪海洋这才后悔自己以前没有多和陈总联系。随后，陈总和张总谈业务去了。

第二天，陈总对汪海洋说：“张总不太喜欢你，所以要求更换其他人来谈合作的事情。你上次饭局之后，是不是没有和张总联系过？”

“是……”

“我专门介绍给你的大客户，你却……哎，你自己好好反省吧。”

汪海洋懊恼不已，可惜世上没有后悔药。

曾任美国总统的西奥多·罗斯福说过：“成功的第一要素是懂得如何搞好人际关系。”可见，人脉资源是一种潜在的无形资产，说不定什么时候，你就需要它。只有拥有了足够的人脉，你才能处处得到贵人相助，无往不利。

故事中的汪海洋，通过总经理的介绍，得到了接近“贵人”的机会，可惜，他没有把握住这个机会。等需要和张总建立良好关系时，张总却已经对他的印象模糊了，后来慢慢想起后，也会认为这个人不懂得维护人际关系，不懂得尊重他人，自然不希望也不放心与之合作。

故事中，汪海洋没有弄懂陈总对他说“给你介绍一个人”的深义，以为介绍完后就完了，忽略了人际关系的维护。人脉在职场中极其重要，只有平时善于维护人脉，才能在需要人脉的时候，得到及时的帮助。

那么，职场中的人要如何维护人脉呢？

首先，初次见面时的自我介绍，要根据不同的对象，选择不同方式。假如你面对的是年长、严肃的人，你的介绍词就要认真些；假如你面对的是随和、幽默的人，你的介绍词就要幽默点。

其次，应酬之后拜访对方。一方面是向对方表达你的敬意，即表示你想接近对方的诚意。联系办法有很多种，打电话、发邮件、短信、MSN等，都可以成为维持人脉的有效方式。另一方面可亲自前往对方住所拜访，这样既节省对方外出时间，也容易让对方对自己有较深认识，而通过对对方住所的环境、家人等的观察，你也能更深入地认识和了解对方。

第三，拜访对方的时间，一般要避开对方吃饭、午睡的时间，一般在晚上9点半以后已经不适宜进行拜访了。

职场小提示

★书到用时方恨少，人脉也一样。如果只知道“平时不烧香，临时抱佛脚”，反而会让人认为你是一个急功近利、过河拆桥的人。做好人脉“保鲜”工作，才能让人脉在关键时刻给你“保险”。

★拜访别人之前，最好和对方约定时间，然后再去拜访。如此不仅可以避免自己吃“闭门羹”，也是对他人的尊重。

★在和对方谈话时，还要留心一下周围环境。譬如对方正被催促做什么事，你就应该告辞，以免妨碍对方。

69. 酒逢知己千杯少

——拒酒的方式泄露你的性格

酒桌上有一句流传很广的俗语：感情深一口闷，感情浅舔一舔。不管是相识已久的老友，还是五分钟之前才认识的新朋，举起酒杯时“一切尽在不言中”，就一个字：喝！喝得少了就是不给“面儿”、不赏脸。一句“酒逢知己千杯少”让很多职场上的朋友进退两难，不知该如何应对。酒在这个时候成了检验个人立场的标杆，如果固执地拒绝必然会影响双方的感情，可是一旦喝起来又担心身体吃不消。事实上，喝酒也是考验个人性格的一种方法。

袁木是旭日公司新招来的员工，跟他一起入职的还有另外三名员工：大有、阿纯和青新。虽然公司通知他们可以来上班了，但他们对自己的职位安排并不清楚。

临上班的前一天下午，袁木其他几位同事接到旭日公司人事经理的通知，到新月大酒店聚餐。到了酒店，在包间落座后，经理跟袁木和大有他们几位新员工频频碰杯，划拳声此起彼伏，气氛变得轻松起来。经理的酒量可真是不一般，酒过三巡之后他又拿起酒杯，说：“来，今天跟几位喝得挺开心的，所谓‘酒逢知己千杯少’，咱们今天多喝几杯也无妨。为庆祝你们的到来，大家放开肚皮喝吧！”说完自己带头干了。

没过多久，除了大有滴酒不沾之外，其他几位新员工包括经理都喝得面红耳赤。尤其是袁木，本来平常不怎么喝酒的他，此时成了酒桌上的“明星”。也许是喝晕了的缘故，他变得口若悬河起来，滔滔不绝地给新同事讲他的故事，夹菜的筷子也差点拿不稳了。

这时，经理站起来，清了清嗓子，说：“今天大家都喝得差不多了，都各自回家休息吧！明天准时到公司报道。”

第二天上班，袁木、大有和其他几位同事去报道的时候，经理分别给他们一个信封，装着给他们安排的工作职位。打开一看，大有被安排到管理部，青新被安排到采购部，阿纯被安排到业务部，唯独袁木，他被安排到流水线做一名普通的工人。

原来，这次聚餐其实是经理安排的一次考验。招聘他们几个来上班的时候，老板让经理给他们安排合适的职位，可经理跟这些员工素不相识，一点也不了解他们，眼看到岗的日期越来越近，经理便想出了这么个办法，从酒桌上察看他们的性格。

袁木心里纳闷了，他觉得自己昨天的表现很好，为什么工作的岗位反而最普通呢？他带着疑问走进经理办公室，想问个究竟。

“昨天晚上我向大有敬酒时，他坚持以茶代酒，因为他从来不喝酒。这说明他做人很有原则，而且不畏权势，所以我安排他到管理部门。”

“那青新呢？他也喝酒了呀？”袁木不解地问。

“青新比较保守，他不太会说话，但他很细心。昨天酒店多收了二十元餐费，只有青新发现了。至于阿纯，虽然她是个女孩，可她的酒量比我还厉害，所以我把她安排到业务部。”经理缓缓说道。

袁木想想自己昨天在酒桌上的胡言乱语，沉默地低下了头。他暗暗地告诫自己，以后要多学习一些酒桌上的社交技巧。

很多人认为，在酒桌上拒绝别人的敬酒，是很不礼貌的事情，也显得自己没有诚意。其实拒酒也是分场合的，如果像上文中提到的情况，跟上司喝酒时，就需要量力而行了。袁木之所以没有被领导看重，是因为他太过随性，缺乏自我控制能力，结果在酒桌上暴露出了自己性格不好的一面。

“酒后吐真言”这句话被很多人奉为真理，不过并不是所有酒后的话都是“真言”。酒精会麻痹人的中枢神经，让人想到什么就说什么，嘴上缺个“把门的”。很多人借着酒精的作用，把内心压抑的情感大胆的表达出来，如果在场的是自己比较亲近的朋友，那倒也不伤大雅。可如果在场的是领导和同事，那情况就不妙了。老板带你出来参与酒席，是希望你能发挥自己的实力，对公司的业务起到帮助作用，如果胡说八道，那“酒后吐真言”就会引起尴尬了。

不管别人说“酒逢知己千杯少”，还是“感情深一口闷”，都不能举杯就喝，要有目标、有选择性地喝，否则喝伤了身体，事情还没办成，老板也会觉得你很没用。

在诸葛亮的识人七法里面，有一条是“醉之以酒而观其性”，意思是说，从喝酒和劝酒的过程中，可以看出一个人的本性。因为酒会消除人的防御心理，使人做出与平时大相径庭的行为来。从这方面来看，酒这东西其实是性格的“现形剂”。

职场小提示

★酒桌上非常流行劝酒令，因此在职场中尤其要学会一些拒绝喝酒的技巧，否者就会被酒精打回原形。

★如果遇到非喝不可的情况，一定要让自己先吃点东西，以减少酒精对胃的刺激。

★喝酒也要分场合，跟老板喝酒时，不要频频敬酒，因为也许老板会直接拒绝跟你喝，反而让自己陷入尴尬。

70. 今天我干杯，你随意

——你要是不干，就是不给我面子

很多上过酒桌的人都能听到这样一句话——“我干了，你随意。”表面听来，这是对方在迁就你、体谅你，让你少喝点。其实意思刚好相反，特别是在和客户谈生意时，对方说这话其实是在暗示你“我都干了，你随意的话就是不给我面子”。如果你真的单纯地只喝一小口，那这笔生意可能就要泡汤了。

周航毕业后，进入一家电脑公司做销售。他平时工作很努力，业绩也一直不错，老板对他也格外地看重。

一次，老板带他去谈一笔很大的生意。

晚上的酒宴上，老板和对方谈得很高兴，大家都喝了很多酒。对方看周航仪表堂堂，言辞也很得体，便很欣赏他，多和他喝了几杯。周航平时酒量很一般，这次被对方灌了几杯后，手脚都有点不听使唤了。

这时，对方又把酒杯端了起来，高兴地说：“来，小周，再喝一杯。”

周航摇摇头，说：“对不起，我实在是不能喝了。”

对方笑道：“一个大小伙子，哪有不能喝酒的，来，把这杯干了。”

周航连连推辞，对方有点烦了，便说：“这样吧，我干了，你随意。”说着就把满满的一杯酒喝干了。周航以为对方说的是真的，就只喝了一小口便放下了杯子。对方注意到这一点，虽然没有说什么，但表情有点难看。周航意识到气氛有点不对，再看看老板，也是一脸的不高兴。

后来，这笔生意果然没有谈成。周航心里很不是滋味，抱怨道：“不就是没有干杯吗，对方老板也太小气了。”

初入职场的新人对酒桌上的礼仪比较生疏，大多数都出现过类似周航这样的情况。社交场合暗语频现，有的话是醉翁之意不在酒，有的话则是反语。“我干了，你随意。”这话一听就不可能是真的，言外之意就是，“我都干了，你能随意吗，必须干了”。但是偏偏有些单纯的人却认为它是真的，到最后得罪了人还没有反应过来。

有个女孩刚上班不久，一次，主管请大家吃饭，在酒桌上，主管端起酒杯说：“美女，干一杯吧。”女孩端起酒杯，不好意思地说：“主管，我喝不了这么多。”主管笑了笑，道：“那好，我干了，你随意吧。”主管说完一仰脖子就把一杯酒喝下去了，女孩却只浅浅地抿了一口。后来她一直觉得主管对她爱答不理的，问过同事之后才明白，原来是那天在酒桌上，她的失礼把主管得罪了。

当上级和客户向你敬酒时，为了表示尊重，你尽量要比对方喝得多，如果对方都干了，那么，你也要尽量干杯。如果实在因为某种原因喝不了，则要细致解释一番，以减少对方的不快。

在酒桌这样的社交场合，你的耳朵和大脑一定要打起十二分精神，免得漏掉对方的话外音或者潜台词。故事中的周航因为没有听懂酒桌上的暗语而搞砸了老板的一桩生意，虽然是无心的，但他仍然有责任。案例中的女孩也因为没有干杯，而让主管心生不快，日后对她没有好感。在生活中，“小心眼”的合作方或上司并不少，很可能会因为你说错一句话或者犯了一点小错就对你产生意见。当你犯了这样的错误时，不要一味地抱怨对方太小气，而要好好补习一下自己对酒桌暗语的理解。无论是男性还是女性，进入职场后都应该学一些酒桌上的礼仪，就算不会喝酒，也要想办法把场面圆过去。

所以，在酒桌上，尤其不能“有一说一”，更不能听到什么就相信什么。酒桌上的应酬双方大都不很熟悉，关系也不够亲密，所以你应谨慎言行，不可太随心所欲，以免误事。换句话说，可把酒桌上的应酬当成一种任务和表演，只要让大家面子上都满意，那喝酒交流的目的也就达到了。

职场小提示

★和上级喝酒时，一定要注意尊重对方，除了喝的酒要比对方多之外，还要注意听对方的话外音，如果他让你“随意”，那通常是希望你多喝点，你自己要把握好度。

★除了比对方多喝一点之外，你还要学几句敬酒词。敬酒词也应该说得恰到好处，这样能让对方喝得更高兴，谈起话来也就更顺利。

★不会喝酒的人在酒桌上会比较被动，特别是遇到领导敬酒，不喝是说不过去的。在酒桌上，不喝酒的人应该主动讲出自己的情况，找个容易让人接受的不喝酒的理由，然后象征性地喝一点，别人也不会因此而苛责你。

71. 你刚从学校毕业吧

——你怎么这么不懂事

和同事、领导们喝过几次酒后，如果有人问你是不是刚毕业时，不要单纯地以为对方只是在问你一个简单的问题，他的潜台词其实是在说“你很不懂事，连基本的人情世故都不懂”。一个人懂不懂人情世故，从他在酒桌上的表现就可以看出来。

这一天下班后，人事部的经理张总带着新来的几个同事去吃饭。虽然说是吃饭，但喝酒总是少不了的。

张总招呼大家坐好后，端起酒杯说道：“以后的工作还要靠大家支持，来，干了这一杯，希望我们合作愉快。”大家也纷纷举杯，一饮而尽。

所谓礼尚往来，很多同事也都向张总敬酒。唯有李刚一直坐在椅子上吃饭，好像周围的事与他无关。

张总看了笑道：“小李啊，你看起来很年轻，是不是刚从学校毕业啊？”

李刚听了回答道：“不是，我已经工作三年了。”

张总又问：“那你从前不经常出去吃饭吧？你看起来有点不自在。”

李刚还是没有听出张总的话外音，说：“我没有不自在，吃得挺好的。”

张总听了便不再问了，继续和其他的同事交谈。

这时，坐在李刚旁边的沈强用手肘碰了碰他，说：“哥们儿，你该向张总敬酒了，我们都敬过了。”

李刚这才反应过来，他赶紧端起酒杯，抱歉地说：“张总，我这个人不懂得酒桌上的人情世故，您多担待。”

张总笑着说：“年轻人嘛，不懂人情世故是很正常的，只要肯学习就好。”说着也端起酒杯，两个人都一饮而尽。

酒桌上的讲究有很多，除了敬酒之外，还有座次、点餐、敬酒词等方面的讲究。故事中的李刚所犯的错误只是其一。其实，在生活中，不懂得人情世故的人还有很多，不过好在这些东西都很容易学习，只要认真观察，都可以慢慢掌握。

首先是座次的问题。按照古语来讲，座次是“尚左尊东”，“面朝大门者为尊”，而这个尊位一定是领导的座位。接下来，在尊位的两侧，离尊位越近则身份越高，如果与尊位的距离相同，那么左边的座位又比右边的座位要尊贵些。因此，在和领导出去吃饭时，不要在领导们还站着的情况下抢先坐下，更不要糊里糊涂地坐在主位上。如果你是新人，就乖乖地等大家都坐好后再入座。

然后是点餐。一般情况下是等大家都来齐了再开始点餐。如果你是买单的人，那么点餐时要征求大家的意见，尽量让每个人点一道菜，有领导在时，要让领导点餐，等领导点完后大家再酌情添加。如果你是应邀者，那就不用操心点餐的问题了，倘若主人热情地让你点餐，那也要问问大家的意见，比如“大家有什么忌口吗？”“这个菜可不可以？”等等，而且还要考虑预算问题，尽量点一些经济实惠的菜。

和朋友们一起吃饭当然不需要有什么讲究，但是和领导吃饭时就不能太随意了，菜端上桌，不要第一个动筷子，应该让领导先夹菜，然后大家再开始吃。夹菜时也不能把筷子伸到盘子里乱翻，这是很不礼貌的行为，也会影响大家的食欲。

接下来便是敬酒。敬酒的学问就更大了。敬酒不是越积极越好，有领导在时，一定要等领导敬完酒后再考虑自己什么时候敬。如果你在公司的等级比较高，而且比在座的其他同事要高，那么就要做个表率，首先给领导敬酒。如果你是新来的小职员，那就老老实实地等大家敬完了你再去吧，而且应该尽量走到领导身边去敬酒。这不是什么等级观念，只是表示一下自己对领导的尊敬罢了。敬酒时也应该有说辞，或者表示尊敬，或者希望领导培养等等，态度应该谦虚。

职场小提示

★酒桌上的座位是有讲究的，要分清楚座位的主次，不要抢坐主位，等领导坐下后你再选择自己的座位坐下。

★如果有领导在，点餐时首先要问领导的意见，领导点完后大家再酌情增添几道菜。如果需要你点餐，也要听取大家的意见，看看大家有没有忌口等，而且还要考虑到预算问题。

★用餐时要等领导先下筷子，然后大家才开始吃，吃饭时也应该懂规矩，不可以把筷子伸到盘子里乱翻，这种行为很不礼貌。

★等领导敬完酒后，你再适时向领导敬酒，而且尽量走到领导身边去敬酒，这是对领导的尊敬。敬酒时也应该有恰当的敬酒词。

72. 你学的什么专业

——我只是想说你根本不会应酬

酒桌上以和为贵，就算某人有得罪人的地方，大家也会表达得比较隐晦，尽量不伤害他的自尊心，但是这种隐晦的表达有时起不到警醒的作用，甚至还会闹出笑话。遇到这种情况时，如果你是当事人，一定要敏感一些、机灵一点，听出对方的言外之意，适当地转移话题或者干脆请求大家的包涵，这样做才是明智之选。

元旦将临，公司组织员工们聚餐，各部门的人都放下了手里的工作，高高兴兴地到预定的餐厅里享用美酒和佳肴。

同事们坐在一起当然要聊一聊，或者聊工作，或者聊生活，兴致都比较高。姜海洋是市场部的员工，他平时说话不太讲究，有时会惹得同事们很不痛快，但因为他为人豪爽，又好说话、肯帮忙，所以同部门的同事也都不去苛责他。不过，其他部门的同事就不给他面子了。

饭桌上，一个销售部的同事和大家聊起了他在工作中遇到的趣事，大家听了都开怀大笑。可是姜海洋却没有“人笑亦笑”，而是淡淡地说了一句：“有那么好笑吗，我怎么没觉得。”

销售部的同事听了心里有些不痛快了，笑着问道：“哥们儿，你大学学什么专业的？”

姜海洋回答："计算机，这个专业在我们学校可是个热门专业。"

销售部的同事听了一愣，然后笑着说："哦，你看起来也挺像学计算机的，说话很严谨，不随便开玩笑。"

其他同事都听懂了这位同事的意思，心里暗暗发笑。不过为了照顾姜海洋的面子，大家赶紧用其他话题把这次对话岔开了。

在上面的故事中，其实销售部的同事并不在意姜海洋到底是什么专业的，他只是觉得姜海洋在应酬和交际方面很不擅长。但姜海洋偏偏没有听出来，答非所问，闹了个大笑话。由此可知，社交礼仪要懂，社交场合的暗语更要学。

在有的人看来，应酬是一件很棘手的事情，并不只是简单的说话、聊天，还要懂得察言观色，有时还不得不违背自己内心真实的想法去迎合他人。即使是一些比较清高的人，也不得不在意酒桌礼仪，哪怕他因为酒桌上的应酬而头疼得要命。

其实，应酬并不复杂，只需要记住一个要点——不要让对方尴尬、不痛快。不论对方是你的同事、客户还是上级，当你和他们交谈时，都尽量想办法让对方觉得很自在、很高兴，否则就会出问题。其实，说一句让对方高兴的话，或者迎合一下对方一个无聊的想法对自己并没有什么损失，相反还能够带来一定的好处。既然如此，为何要为争一时之快而得罪他人呢？

在酒桌上与同事们交谈时，首先要注意自己的言辞。毕竟同事不是自己的亲人和朋友，有时候是不能随意开玩笑的。当说到比较敏感的话题时，比如薪酬、和领导的关系等等，要懂得回避，不能因为有好奇心就打破砂锅问到底，这样不但不礼貌，也会让对方很不自在。

与客户边喝酒边交谈时，尽量要谈正事，但当对方谈及其他的话题时，你也要懂得如何应对，既要满足对方的表达欲望，也不能偏离主题的时间太长。和领导喝酒时，尽量做一个忠实的倾听者，然后适当地给出一点意见或者表达一下自己的看法，而你的意见和看法也不要和领导的意思相差太远，除非你有把握让领导心甘情愿地接受你的意见。

在酒桌上应酬，你不但要学会喝酒，还要懂得在适当的时候说适当的话。如果对方是邀请者，那就要客随主便，不能抢了对方的风头；相反，如果是你邀请对方喝酒，那就要主动一些，不但要给对方倒酒，也应该给自己斟满，这样对方才会产生想和你畅饮的热情，交谈起来也更方便。

职场小提示

★在酒桌上应酬时，要根据对方的身份选择适当的应对技巧，如果是合作方，那就要以工作为中心话题，适当讨论其他的问题，这样可以拉近与对方的关系；如果是领导，那就要以尊敬为主，以对方为中心；如果是同事，那尽量和对方聊一些工作中和生活中的趣事，让对方心情舒畅。

★要学习酒桌上的应酬暗语，正确理解对方话语中的意思，不要答非所问，偏离对方所说的主题。

★在酒桌上尽量收敛一下自己清高的性格，该迎合的时候要适当迎合一下对方，该反对的时候言辞也应该委婉一些，要给对方留一点挽回的余地。

73. 你可能不知道，我从来都不喝酒

——我会喝酒，但我不想和你喝

酒桌上总会有一两个不会喝酒的人，别人一敬酒他们就很紧张，连连推说："我不会喝酒，真的不能喝。"但是大家往往不相信他们说的话，特别是第一次和他们坐在一起喝酒的同事。当然，也有这样一部分人，他们会喝酒，而且酒量很大，但却推说"你可能不知道，我从来都不喝酒"。其实，他是在告诉对方："我会喝酒，只是不想和你喝。"

不想和你喝酒的原因有很多，比如他不欣赏你，或者不喜欢你在酒桌上敬酒的方式等等，如果你想劝他把酒喝下，就要动点脑筋了。

刘凯旋的上司生病了，所有的工作都压在了刘凯旋的身上，今天有个重要的饭局也需要他出场。

饭局中宴请的客户是一个新的合作伙伴，他知道刘凯旋不是部门里的一把手后，便对他有些冷淡，刘凯旋几次谈及工作的事情都被他巧妙地转移了。

为了表示自己的诚意，刘凯旋主动敬对方一杯酒，没想到对方却笑着说："对不起，我从来不喝酒。"

刘凯旋一听，有些纳闷了，一个部门的总经理，怎么可能不喝酒呢。仔细想了想，估计是对方嫌自己的职位低了，不能和他平起平坐，这才

故意摆架子。刘凯旋笑道：“您可是个老江湖了，不喝酒怎么能有现在这么好的业绩，前辈还要好好地教一教晚辈啊。”

对方听了笑起来，说：“我不胜酒力，平时出去也不怎么喝酒，都是助理替我喝的。”

刘凯旋看他的态度缓和了一些，就接着说：“我的上级刚好生病了，不然这顿饭应该由他陪您吃的，我在这儿先替我们上司说句抱歉，请您多包涵，我干了，您随意。”说着把杯子里的酒一饮而尽。对方听了心里很受用，也端起酒杯喝了一大口。

刘凯旋斟满酒杯，开始说生意上的事情，他业务熟练，表达也很清楚，对方发现他的确是个人才，渐渐对他有了好感。

最后生意谈妥了，刘凯旋又敬了对方一杯酒，预祝双方合作愉快。对方这次真的把酒干了，散席时还赞赏了刘凯旋一番。

故事中刘凯旋遇到的问题很多职场人士都经历过。在酒桌上，一般人是不会随便驳他人面子的，但还是有一些比较喜欢摆架子的人，对下属或者职位比自己低的人有点不屑。和这样的人打交道时，不要妄想把他们拉到和你平等的地位上——即使你有这个能力，因为这样会让他的心里感到很不舒服。所以，在自恃高贵的人面前，要懂得适当的谦虚，既给足对方面子，也要想办法让对方欣赏自己，只有当他觉得你有资格和他谈话或者合作时，他才会给你面子。

谦虚只是一种态度，能够让对方心甘情愿地接受你的观点，但自信也是不可缺少的。特别是当你和对方谈生意的时候，你够自信才能让对方放心地和你合作。

和同事喝酒时，如果对方说“我从来都不喝”的话，那你就没必要强求了，除非你知道对方是在开玩笑。同事说自己不喝酒，很大程度上是表示不想喝或者没心情喝，如果这时候你再灌他酒的话，可能会引起没必要的误会。

陈豪和王建因为升职的事情闹了点不愉快，两个人的关系从很熟的同事变成了陌生人。陈豪成功升为部门主管后，王建和他就更疏远了，除了工作上的往来，他们基本上不说话。

一次，部门的同事提议说："陈主管升职，应该请我们吃一顿，庆祝一下。"陈豪也觉得这样做是应该的，便邀请同事们下班后到附近的饭店吃晚饭，王建也被邀请了。

酒桌上，陈豪知道最近他和王建的关系有点僵，就主动端起酒杯说："王建，来，让不愉快的事情都过去吧。"

王建却淡淡地说了一句："主管，我从来不喝酒的。"陈豪听了心里有点不痛快，因为他知道王建的酒量很好。不过，他还是笑着说："好了兄弟，别郁闷了，还好你没当上主管，否则三天两头就要请大家吃饭，还要陪经理出去应酬，很麻烦的。"同事们听了都笑起来，王建也不好再驳他的面子，端起杯子和他碰了一杯。

在酒桌上如果出现会喝酒的人说"我不会喝酒"的情况，那你就要好好分析一下原因了。

如果说话的人是客户，那么很可能是客户对你或者你所代表的公司有意见，或者是你的表现让对方不太满意，或者是客户对这次合作没有兴趣，不过是来应个景罢了。面对这样的情况，你要抓住主要原因，有针对性地想办法解决问题。

如果说话的人是上司，那就要考虑上司的身体状况以及上司对你的看法。倘若上司因为身体的原因拒酒，那你当然不可以强求，但如果是上司对你有意见，不愿和你喝酒，那你就要想办法让上司打消对你的不喜，接受你。

如果说“不会喝酒”的人是同事，那你首先要想一想和同事最近的关系如何，如果没有什么不愉快，那可能是同事的心情原因，没兴致喝酒。如果你有把握让同事开怀，那就尝试一下，否则就不要勉强对方。如果你们最近闹了矛盾，那酒桌上是个缓和矛盾的好场合，应抓紧机会和他言归于好。

不管怎么说，向对方敬酒却被拒绝，谁心里都会有些不快。但你要分析具体原因，弄明白对方拒绝喝酒的背后意思，从而做出相应的反应。这就要看你随机应变的能力了。

职场小提示

★当你在酒桌上敬酒，而对方却说“我不会喝酒”时，要充分考虑对方说这句话的原因，然后再适当地想办法圆场。不要一味地劝对方喝，也不要因为尴尬而让自己的心情受到影响。

★如果说“我不会喝酒”的是客户，那你就要十分小心了。首先要让对方接受你，然后再谈合作的事情。如果对方是上司，你也要谨慎处理。如果上司是因为身体的原因而不想喝酒的话，你不能勉强；如果是对你有意见，那你就要想办法改变他对你的印象。如果是同事说“我不会喝酒”，你也应该妥善周旋，想办法让他回应。

74. 你比你们老板能喝

——今天的主角是你老板，不是你

和老板出去吃饭时应该注意一点，老板才是酒桌上的主角，你不能抢了他的风头。有的人经常替老板挡酒，但却总是做得不到位，最后喝得醉醺醺的，不但闹出笑话，还耽误了老板的正事。其实，替老板挡酒也是很考验一个人智商的，如果做得好，不但能“保护”好老板，还可以让自己“毫发无伤”地离席。

许强平时在公司很活跃，而且酒量也不错。一天，老板通知他，想带他去应酬饭局。许强之前没有应酬饭局的经验，不知道该怎么做。

一个同事告诉他：“你要学聪明点，老板之所以带你去应酬饭局，就是想找个人替他挡酒。”许强听了觉得很有道理，决定饭局上努力帮老板挡酒。

饭局刚开始没多久，老板和客户还没有喝尽兴呢，许强就忙着替老板挡酒，而且还主动敬酒给客户，好像这次出来谈生意的是他。由于喝得太快，几杯酒过后，许强的头脑就不太清醒了，还逞强要和客户继续喝。

客户笑着说：“小伙子，你比你们老板能喝啊。”

许强本来就喝多了，听了这话还以为客户是在夸他，笑道：“对啊，要不然老板怎么会带我出来呢。”

坐在一旁的老板勉强笑了笑，说：“小许，别喝得太多了。”

本来老板的意思是你别再喝了，剩下的交给我吧，但许强却端着酒杯走到老板的身边，醉醺醺地说：“老板，谢谢您的重视，我一定不会让您失望的。”当着客户的面，老板只好喝了他敬的这杯酒。

这次生意虽然谈成了，但老板再也不敢带着许强去应酬饭局。为此许强很苦恼，他不知道自己到底做错了什么。后来他把这件事告诉了同事们，同事们都笑着说：“你把老板的风头都抢了，而且还喝得醉醺醺的，他当然不敢再带你了。倘若下次你再喝多了，把事情搞砸了怎么办？”

许强这才明白过来，原来自己是没有掌握好替老板挡酒的技巧。

在酒桌上，如果有人说“你的酒量真好，比你们老板还厉害”时，你要注意，这可能不是在夸你，而是在暗示你：今天的主角是你的老板，而不是你。

其实，很多老板出门都喜欢随身带几个人，比如司机、翻译，还有挡酒的。挡酒可是个苦差事，一般情况下，对方都不希望你的老板带着挡酒的出来，因为这样显得不太有诚意。所以，挡酒的人会被对方格外关注。和老板一起出席饭局时，作为配角的人应该注意一下，替老板挡酒是有很多讲究的，不是挡得越多就越好。

首先，挡酒要经过老板的默许。老板和客人谈得差不多了，也喝得差不多的时候，如果有人再向老板敬酒，那时候你再出手。如果你一上来就向对方敬酒，不但会影响大家谈事情，还会让对方对你的老板有意见，“你连酒都不喝还想和我谈生意，太没有诚意了吧！”所以，在得到老板的默许或者暗示后，挡酒的人才能开始工作。

挡酒的人尽量不要只顾守城而不懂得进攻，主动才能得到掌控权。而且还要有眼力，当发现有人想向老板敬酒时，就应该站起来先敬他一杯，让他没有机会敬老板。当然，挡酒的人也要懂得酒桌上的礼仪，敬酒词是少不了的。如果对说敬酒词不太在行，那就要多向老板请教，或者多参加几次类似的饭局，注意听其他人是怎么说的，然后再慢慢体会，怎样把敬酒词说得深入人心，让对方听了不得不喝你的酒。还有，如果有人向老板敬酒，而老板示意你挡下时，你也要懂得替老板遮掩，比如说“老板不胜酒力”或者“老板最近身体不太舒服”等等，聪明人是不会一直纠缠着坚持让你的老板喝的。

作为一个挡酒的人，要尽量搞清楚自己的酒量。老板把你带在身边，除了挡酒之外，也希望你可以照顾他、照顾喝多了的客户，如果你自己都喝得不省人事，那老板带你出来就是多此一举了。所以，挡酒的人要知道自己的酒量，适时、适度地替老板挡酒。最后要保证自己的头脑是清醒的，不要耽误老板的正事。

职场小提示

★即使你的酒量很好，在酒桌上也不能太过活跃，特别是有上司在场的时候，要尽量收敛一些。如果是和上司一起去应酬饭局，更要注意照顾上司的主角身份，不能抢了上司的风头。

★如果你在酒桌上是个挡酒的角色，那要先搞清楚自己的酒量，然后适度地替老板挡酒。挡酒也要适时，要根据老板的要求，当老板需要你挡酒时，他会给你一些暗示。不要一开始就挡酒，这样会让对方给老板的印象减分。

★挡酒的人也要注意酒桌礼仪，敬酒词和挡酒词都要说得恰到好处，让对方听了心服口服。

75. 一路辛苦了，请先吃饭吧

——其实我想在饭桌上就开始谈正事

酒桌上有很多客套话，听起来也都比较入耳，但仔细想想，这些话的意思往往却藏在话后。如果对方夸你年轻，其实是说你阅历太浅、不够成熟；如果对方关心你喝太多酒会伤身体，其实是在暗示你，你在酒桌上太逞强了。所以说，在酒桌上和别人交流时，要注意分析对方说话的要点。比如，若有客户约你谈生意，你急急忙忙地赶到后，对方为你准备了一桌好菜，而且还体贴地说："一路辛苦了，请先吃饭吧。"听起来是为你着想、照顾你，但其实他心里想说的是："我想在饭桌上就开始谈正事。"

李一涵和两个同事被派往上海谈生意，时间很紧，公司和合作方的老板都很着急。李一涵和同事们刚下飞机，就被合作方派来的车接到了饭店。

李一涵等人进了饭店的包间后，看见合作方的王经理正坐在餐桌旁等着他们。王经理看起来文质彬彬的，一见到李一涵等人就高兴地站起来和大家握手，嘴里还不停地说："一路辛苦了，赶紧坐下，我准备了一些饭菜，请先吃饭吧。"

李一涵等人真的有点饿了，听了王经理的话以为他是认真的，便坐下来开始吃饭，一边吃还一边夸赞上海的美食。

王经理看着他们吃饭，但自己却没怎么动筷子，也不主动向大家敬酒。这种情况是不太正常的。

李一涵吃着吃着，突然觉得气氛不对，他抬头看了一下，发现王经理虽然笑盈盈的，但却显得很焦急。李一涵领会了他的意思，示意同事们放下筷子，准备和他谈正事。

看大家都把筷子放下了，王经理笑着说："怎么，都吃饱了吗，你们还没吃多少东西啊？"

李一涵笑道："我们还是先谈生意吧，临出发时老板已经特意交代过了，要赶紧把事情办好。"

王经理高兴地说："你们老板也太心急了。"于是便和李一涵等人谈起了合作事宜。

等事情办好后，王经理笑眯眯地对李一涵等人说："你们继续吃吧，刚才只顾着和我谈生意，把吃饭这么重要的事情都忘记了，现在的年轻人工作起来真是认真啊！"

李一涵听了笑了笑，心想："还不是你一直在催我们。"

也难怪故事中的王经理打扰李一涵等人用餐，对于生意人来说，时间就是金钱，如果不抓紧时间谈生意，可能大把的钞票就要落入他人的手中了。

和别人谈生意时，如果时间紧迫，那就最好直入主题，哪怕是在酒桌上也要保证速战速决。当对方把你请到酒桌上谈生意时，要注意观察对方的神色和态度，即使他一直热情地让你多吃点、边吃边谈，你也不要全相信，这可能并不是他的真心话。如果时间不是很紧迫，那么你可以细嚼慢咽，慢慢地和对方讨价还价，为你的公司多争取一些利益，反之，那就不要只顾着吃饭，还是先把问题解决了再说。

酒桌上的暗语有很多，但有时一句话很难让人领会对方的真意，所以才需要察言观色。一个人的语言可以欺骗他人，但是神态和表情是很难骗人的，即使伪装得再好也会有破绽。在酒桌上，很多人都习惯了言不由衷，但却很少有人刻意伪装自己的表情。所以，在酒桌上，你的眼睛甚至比耳朵还要有用。

中国的酒桌文化源远流长，自古以来，中国人就喜欢在酒桌上解决问题。上了酒桌以后，吃还在其次，喝才是最重要的，而喝的也不会是茶，而是酒。只有酒喝到位了，事情才算基本办好了。

如果双方在酒桌上谈生意，其中一方很着急，巴不得马上把这桩事结束，但另一方却不紧不慢的，在酒桌上饶有兴致地吃饭、喝酒，这时，着急的一方就会旁敲侧击地给对方一些暗示，让对方集中精力解决问题。他越说“没事，慢慢吃”，心里就越着急。你可以通过表情和动作来判断他的心理。如果你抓住了对方的着急心理，那么谈生意的时候就比较容易占上风。相反，如果是对方不紧不慢的，那就表示他可能对这桩买卖不太在意，谈不谈两可。这时候你就要想办法吸引对方的注意了，尽量激起他对这次合作的兴趣。

职场小提示

★在酒桌上，当别人说“请慢慢享用”时，你要注意观察对方的神色，分析这句话的真假，然后再根据自己的情况适当地做出回应。

★酒桌暗语固然重要，但不能单纯地凭一句话来判断真假，还要注意察言观色。总之，在酒桌上要多看、多想。

76. 你可真聪明

——你现在怎么这么笨呢

在酒桌上谈生意不同于交朋友，对方很少会真心实意地夸奖你。如果事情谈妥了，而对方有点吃亏的话，即使你能力比他强，他也没什么心思夸奖你。相反，如果是对方占优势的话，他可能会高兴地说：“你真是个聪明人，相信我们一定会合作得很愉快。”其实你应该明白，这是一种讽刺，他的实际意思是，“你并不聪明，至少现在不聪明”。

聪明是说一个人头脑灵活、反应快、懂得变通，通常情况下这是一种夸奖，但有时也是一种讽刺。在日常生活中“聪明”这个词都有两面的理解，何况是在酒桌上。

所以，如果有人在酒桌上夸你聪明，你要好好反思一下，自己是不是有什么地方做错了。

这是易天第一次以部门经理的身份出去谈生意。对方是个规模较大的公司，和他谈判的也是一个资历较深的经理，易天有点紧张，害怕自己会把事情搞砸。

双方约好在酒店见面。酒桌上，身为晚辈的易天表现得很谦虚，而且神色有些慌张，对方一看就知道他底气不足。几轮酒过后，对方开出了合作的条件。虽然是个新手，但易天的工作能力并不差，他很清楚这个条件对公司是没有多大利益的，于是便果断地拒绝了。但对方并没有放弃，软磨硬泡，慢慢就把他说服了。

在酒桌上，易天还是一个初生的牛犊，而对方却是个老江湖，优势、劣势一眼就能看出来。生意谈妥后，对方握着易天的手，笑着说："年轻人，你很聪明嘛，前途无量啊。"

易天高兴地说："您过奖了，希望我们今后合作愉快。"

易天原本以为自己为公司做了贡献，可当他把合同拿给总经理看时，总经理却一脸怒气地说："这就是你的谈判结果？对方的条件这么苛刻，你居然还签字了！"

易天赶紧向总经理解释，还把自己的考虑和对方的观点详细地陈述了一遍。

总经理叹了一口气，说："易天，看来你还需要更多的谈判经验啊。"

易天听了很失落，他慢慢意识到自己被对方"耍"了，但现在木已成舟，后悔也来不及了。他一想起对方夸自己"聪明"就羞愧不已。

初入江湖的人大都会受到一些老前辈的"教训"。尤其是在酒桌上，老前辈们往往几句话就能把职场新人绕晕了头，然后让新人乖乖地签下"不平等条约"。在和对方谈判时，不要轻信对方的夸奖，如果你真的做得很好，对方不但不会夸奖你，还有可能摆脸色给你看。所以，谨慎对待酒桌上的夸奖，哪怕是"你很帅气"、"你真可爱"这样敷衍性的夸奖。孔子云："巧言令色，鲜矣仁。"这句话用在酒桌上很合适。

谈生意，利益二字是最重要的，但是在酒桌上为利益而交锋并不是一件容易的事情。喜欢听奉承话的人很容易被对方的糖衣炮弹迷惑；意志不坚定的人禁受不住哄骗，也容易被对方拿下；性格自卑的人本身就不看好自己，对这次谈判也没有多少信心，只要对方强硬一点，他基本上就投降了。所以，上了酒桌之后，不能有太多的个人情感，要用理智和事实说话，为公司争取利益才是首要任务。

初次在酒桌上谈判的人，没有受过教训，也不懂得“江湖险恶”，以为对方的笑就是笑，烦恼就是烦恼，其实不然。所以，想在酒桌上表现得游刃有余，首先就要提高自己的业务水平，不给对方“忽悠”你的机会。业务水平是基础，坚强的意志力也很重要。有的人业务水平不错，但缺乏意志力，经不起诱惑，总是被对方的各种说辞所左右，慢慢地就会偏离自己的意见，被对方牵着鼻子走。所以，在酒桌上一定要意志坚定，不能受对方的影响。当然，这并不是说你不可以随机应变，如果真的能够为公司争取更多的利益，你可以适当地对自己的计划作出调整。

在酒桌上，性格也起着很大的作用。一个性格沉稳、一丝不苟的人，在酒桌上很少会被人“忽悠”，而且有时还会成为占上风的一方。活泼自信的人在酒桌上也是很吃香的，不但能把生意谈好，还会给对方留下一个好印象。缺乏自信和主见的人在酒桌上往往混不好，很容易被对方的气势压倒。而且由于没有主见，对方的观点很容易影响他的看法，改变他的初衷，最终稀里糊涂地签下“不平等条约”。如果你想成为一个酒桌上的高手，弥补性格上的缺陷也是非常重要的。

职场小提示

★在酒桌上，当别人夸你聪明时，你应该认真想一想，是不是自己做错了什么，或者被对方占了便宜。

★业务水平是保证你在谈判中不被忽悠的基础，但有时性格也能够决定一次谈判的成败。自信、外向、稳重的性格更容易让你在酒桌上成为焦点，助你成功。

77. 现在滴酒不沾的人已经很少了

——你一点不喝，也太不给面子了

俗话说，客随主便，如果主人不够热情或者主动，客人就会显得拘束。但是在生活中，我们往往会遇到这样的情况，主人把客人请到家里后，给客人斟满了酒，自己却说："对不起，我不会喝酒。"客人一听，顿时就没有喝酒的欲望了。性格比较和善的客人会慢慢把杯子里的酒喝完，然后就不再喝了，而性格比较直爽的人干脆会说："你都不喝，我自己喝有什么意思！"

在日常生活中这种情况还好处理，顶多就是向客人陪一句不是罢了，但如果是在生意场合，这种情况就不应该出现，否则买卖就谈不成了。

张总想和一家新成立的公司搞一次项目合作。与对方通过电话后，对方对这次合作也表示很感兴趣，约定在某酒店具体谈一下。

张总在谈判当天突然有急事，去不了了，于是便让副总周凯代替他去谈生意。

周凯听说对方只是个新建立的小公司，便没有放在心上。

约定时间到了，周凯带着客人去了定好的餐厅。菜上齐后，周凯招呼大家："不知道这里的菜合不合大家的口味，请慢慢享用。"然后他把大家的酒杯斟满，却单单不给自己倒酒。

客户共来了三个人，其中一人问：“周总，您怎么不给自己倒酒啊？”

周凯笑着说：“各位，实在是抱歉，我不会喝酒。”

另一个客户听了笑着说：“您还真是个好青年啊，就算升到了副总的位置也滴酒不沾，能做到这一点的年轻人已经不多了。”

周凯笑道：“我平时也不喝酒，还好大家体谅。”

虽然客户们没有要求周凯喝酒，但大家对这次合作的事情都不太热情了。周凯本来也不太看好这家公司，所以最后合作失败了他也没在意。

张总知道后，找周凯来训话：“这次合作很重要，你为什么会失败？”

周凯说：“我没有做错什么。”

张总道：“我知道，你以为他们只是小公司就轻视他们，没有和他们喝酒对不对？”

周凯低下头沉默了。张总说：“小周，你是邀请方，你不喝酒，对方怎么能看到你的诚意？如果你不会喝酒我也不责怪你，可是，就是因为你的酒量好我才让你替我出席的，你怎么能这么傲慢呢？再替我约一次这几个客户。”

谈判时张总亲自出马，顺便也带着周凯。在酒桌上，周凯向对方客户表示了歉意，加上张总的热情周旋，这次生意才算谈成了。

故事中的客户在酒桌上夸奖周凯滴酒不沾，其实心里却在想：“你是邀请方，给我们倒酒自己却不喝，是故意不给我们面子吧。”虽然客户们暂时没有因此发作，但心里已经很不痛快了。

其实对方并不是想强迫周凯喝酒，只是对不喝酒背后的冷淡态度不满。在酒桌上有过经历的人都明白，经常出去应酬的领导很少有不会喝酒的，周凯的敷衍让对方觉得他很没有诚意。而周凯也并没有听出客户的暗语，如果他能意识到客户的夸奖其实是在抗议的话，应该会马上表示歉意，那这笔生意也就不需要再谈第二次了。

不喝酒的领导的确有，但酒可以不喝，礼仪却不能少。作为邀请方，基本的酒桌礼仪更不可以忽视。在喝酒之前，领导应该先说明自己酒量不好，或者是因为身体原因不能多喝等等，然后再敬在座的一杯。如果确实有不能喝的原因，大家也会理解，也不会有人故意找茬劝一个不能喝的人喝酒。关键是解释清楚，打好圆场，让对方感到诚意。毕竟双方坐在一起是为了谈生意，而不是喝酒。

此外，如果邀请方不主动喝的话，对方可能会怀疑，你是不是想把我们灌醉，然后忽悠我们签合同啊？所以，作为邀请方，应该好好把握酒桌礼仪，即使生意谈不成，也能够给对方留下一个好印象。

职场小提示

★作为酒桌上的邀请方，首先要做到态度热情，然后要礼数周到。如果你的酒量不错，那就不要假装不能喝酒。尽量主动敬酒给对方，让对方感觉到你的诚意，这样才能够让酒桌上的气氛更好。如果你不胜酒力，那就直接告诉对方，并注意酒桌上的礼仪，或者找一个酒量较好的人来帮助你圆场。

★如果你是被邀请的一方，碰到主人不喝酒时，要先弄清楚原因。如果真的是主人不胜酒力或者身体不好，你应该体谅一下，而不是一味责怪对方没有礼貌。

78. 找个时间聚一下吧

——告诉我你的更多信息

在酒桌上谈生意，不是每一次都能够成功，有时双方都需要进一步考虑对方是不是自己最合适的合作伙伴。如果谈判结束后，对方说：“找个时间聚一下吧。”那他其实是在告诉你，我对你们公司还是很感兴趣的。当然，这句话可能还有另外一层意思，那就是“你刚才给我的信息太少了，我希望你下次能多说点有用的”。

A公司在商界还是个新角色，但发展前景很好，很多公司都想和它合作，A公司的陈经理也一直在为与哪一个公司合作而发愁。

一天，B公司的张经理约陈经理谈合作的事情。陈经理心想，B公司可是个知名企业，而且还是老总亲自出马，看来他们是很有诚意的。不过考虑到最近B公司的业绩不太好，陈经理又有点担心。

在酒桌上，两位经理边喝酒边交谈，虽然聊得很开心，但涉及合作的事情却不多，陈经理的心里慢慢开始打鼓了。原来，B公司最近的经营出了问题，业绩一直不好，和A公司合作对他们来说是一个转机，但是张经理又害怕A公司因为B公司业绩不好的原因而不愿意与他们合作，所以只对公司的近期情况做了很少的介绍，希望用公司以前的好评来赢得A公司的认可。但陈经理十分慎重，他很想听到关于B公司当前的一些比较重要的信息。

一个小时过去了，张经理端起酒杯高兴地说："陈经理，我们今天谈得很尽兴，不知道你愿不愿意与我们合作呢？"

陈经理也端起酒杯说："张经理，我对公司的规划还不太确定，给我几天时间，让我好好想一想。"

张经理听了点头笑道："我理解，不过B公司是一个知名的企业，希望你可以好好考虑一下。"

陈经理也不想放过和B公司合作的机会，但是这一次他对张经理的表现不太满意，希望张经理可以详细地介绍一些B公司的情况，于是有礼貌地问："张经理，我们时候还能再聚一聚？"

张经理高兴地说："下个星期吧，希望您认真考虑一下。"

故事中的张经理故意遮掩公司经营不善的情况，希望用公司之前的美名来赢得陈经理的认可，但陈经理很精明，暂时拒绝了这次合作，而是以"我们什么时候还能再聚一聚"来结束这次谈判，意思是说，我对这次合作还是很期待的，但是你应该给我贵公司更多的信息。而张经理听到这句话后显然也很高兴，因为他知道这次合作还是有希望的。

在谈生意时，除了双方达成协议、签下合同的美满结局外，还有一些拒绝合作和等待合作的情况出现。饭局结束后，如果对方说，"贵公司的营销模式和我们公司不太符合"或者"我们还没有明确的合作计划"的话，那这笔买卖就算泡汤了。如果对方说，"我们什么时候再约个时间聊一聊"，那就意味着你还有希望，只是要做好准备，争取下次谈判时有更好的表现。

所谓更好的表现，就是要让对方知道你们公司更多的信息，而这些信息就是对方决定是否与你合作的依据。所以，在下次的谈判中，你应该尽量把公司的优势介绍给对方，同时也要抓住对方的需求，说明你们的优势能够为对方带来切实的收益。对方看到你们可以给他们带来好处的时候，自然会决定与你们合作。

谈判结束时，说“找个时间聚一下”，表明一方对另一方还是有合作兴趣的，但需要再深入了解一下才能最终决定。也就是说，这句话表明最终双方是否合作，还在两可之间。如果是对方向你这样说，那你就要明白，这是一次机会，需要好好抓住。应与对方约好下次见面的时间，并在此之前进一步搜集资料、作好论证，以便在下次谈判时呈给对方看。

职场小提示

★在酒桌上应酬时，要注意对方的结束语，如果对方表示希望下次还能见面的话，你就要为下次的谈判做好准备。

★在酒桌上谈生意时，介绍自己的优势是必需的，而且还要让自己的的优势和对方的需求相吻合。不过，只介绍优点并不是明智之举，因为任何一个企业都是有缺点的，而且如果你只介绍自己的优势，对方会怀疑你在故意掩饰缺陷，所以应该说一些无关紧要的弱势，这样可以让对方比较放心。